谨以本书献给

这片土地

以及土地上的人民

鄉村老物件

李新宇 绘/著

商務印書館國际有限公司

图书在版编目（CIP）数据

乡村老物件 / 李新宇绘、著 . -- 北京 : 商务印书馆国际有限公司，2021.1

ISBN 978-7-5176-0778-6

Ⅰ . ①乡… Ⅱ . ①李… Ⅲ . ①地方文化 – 中国 Ⅳ . ① G127

中国版本图书馆 CIP 数据核字 (2020) 第 214790 号

乡村老物件

绘　　者　李新宇
著　　者　李新宇
出版发行　商务印书馆国际有限公司
地　　址　北京市朝阳区吉庆里 14 号楼
　　　　　佳汇国际中心 A 座 12 层
邮　　编　100020
电　　话　010–65592876（编校部）
　　　　　010–65598498（市场营销部）
网　　址　www.cpi1993.com
印　　刷　鑫艺佳利（天津）印刷有限公司
开　　本　880mm × 1230mm　1/32
字　　数　114 千字
印　　张　7
版　　次　2021 年 1 月第 1 版第 1 次印刷
书　　号　ISBN 978-7-5176-0778-6
定　　价　45.00 元

自　序

这是一本怀旧的书，也是一本为历史留影的书。

最初的想法是献给我的同代人，尤其那些像我一样随时代大潮进入城市却对故乡和童年不能忘怀的朋友们。随着笔下物品的增多，我日渐感到过去年代稼穑的艰辛和民生的不易，同时对创制这些物品的劳动人民生出深深的敬意。正是他们的智慧和坚韧，让古老的土地焕发生机，也让我们的过往充满温情。于是，我透过老物件看到的不再是恬淡和诗意，而是深沉的过往和沉重的脚步。

因为技术的革新和习俗的改变，曾经陪伴我们的一些老物件已经消失或正在消失，有的甚至在博物馆里也难再找到它们。我想用笔墨留住它们，于是就有了这本书。

“老物件”是一个非常模糊的概念。什么是“老”？怎样才算“老”？对20岁的年轻人而言，30年前的物件可能就很老；对80岁的老年人来说，60年前的物件可能要算“新事物”。有些物件年岁并不老，却来去匆匆，转眼就退出了历史舞台；有些物件有足够的年岁，比如两千多年前出现的木犁，比如更晚出现的镰刀和镢头，至今仍未完全退场。我所画的老物件，既包括前者，也包括后者，以北方农村所见为主，选择有代表性的收录。

全书收入小写意国画200余幅，每一幅都数易其稿，为的是以最简的笔墨留下它们的形与神，同时对笔、墨、色的用法有所探索。本书以图为主，同时配有简短文字，有的是诗，有的是话，有咏叹也有说明，力求知识性、趣味性、审美性兼具。

全书分为五辑：

第一辑是农耕工具，从犁、耙、耢、耧、锄、镰、锨和镢，到辘轳、水车和碌碡，以及各种耕作工具，尽量呈现。

第二辑是百工家什，包括铁匠的砧子、木匠的锛、石匠的锤子、窑匠的瓦刀和其他行业工匠的独家用品。

第三辑是衣食用具，从旧式的炉灶、风箱、锅盖和箅子，到碾、磨、碓臼和篼子，到坛坛罐罐。

第四辑是日用杂物，从笤帚、汤婆子、苇笠和蓑衣，到升、斗和油灯等，不分巨细。

第五辑文化消闲用品，收入了一些玩具、仿圈、鸟笼等文化消闲用品，以及香炉、烛台等祭祀用品，还有并不古老却基本成为历史的大喇叭和戏匣子等。

感谢商务印书馆国际有限公司的厚爱，同时感谢蔡红英女士的辛勤劳作，使得本书如期付梓。但愿读者朋友们能够喜欢这本书，并且不吝赐教！

于桐荫书屋

目 录

第一辑 · 农耕工具

第二辑 · 百工家什

第三辑 · 衣食用品

第四辑 · 日用杂物

第五辑 · 文化消闲

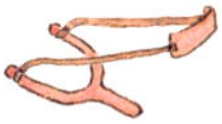

第一辑

农耕工具

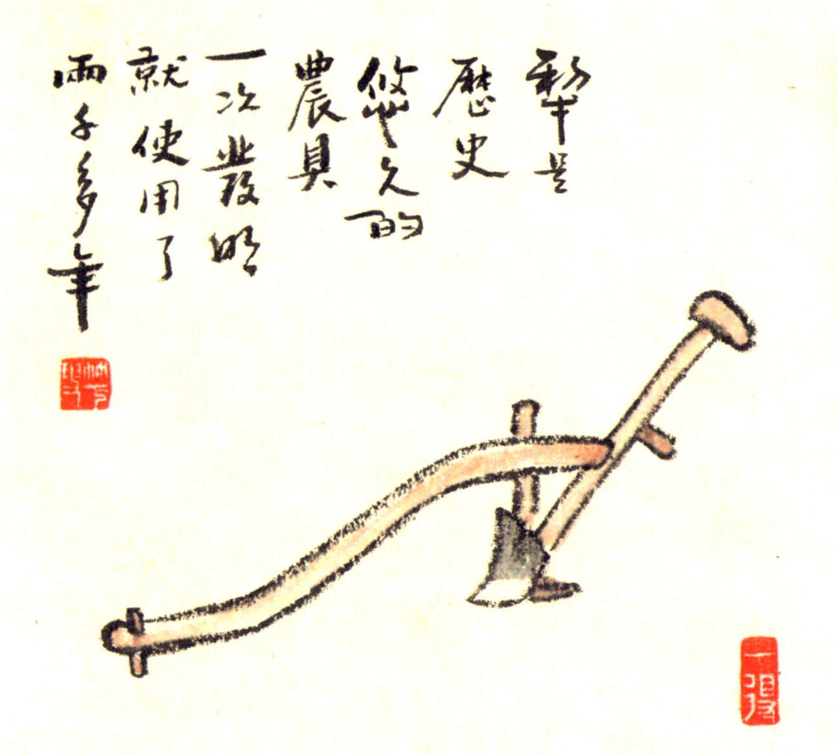

木犁

它是最古老的农具之一，
主要用于犁地，亦可用于起垄。

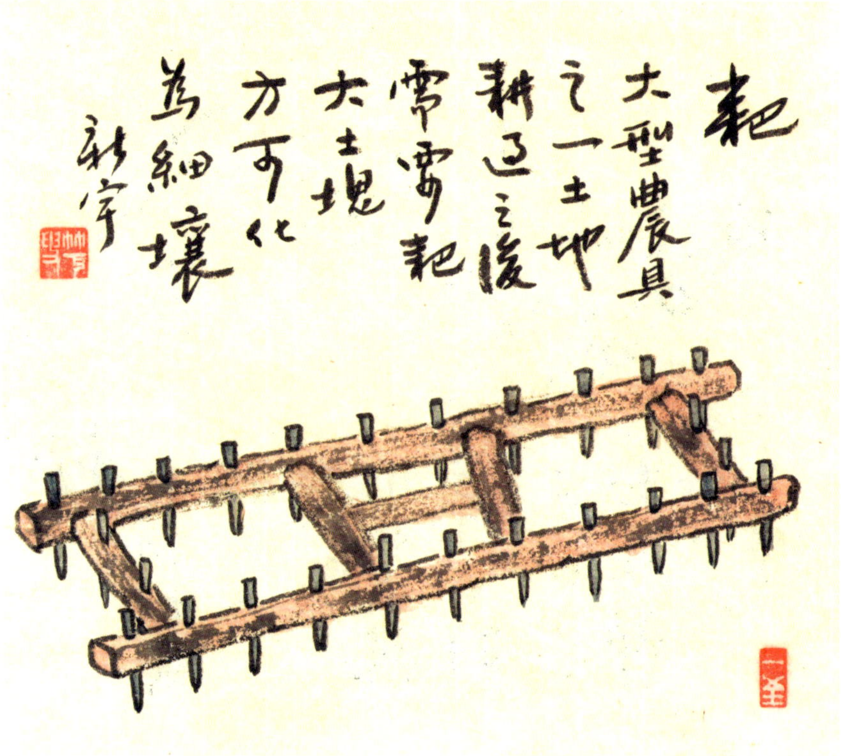

耙

大型农具之一，大约两米长，

用的是结实木头，一般是枣木或者槐木，至少是榆木。

耙齿有一拃多长，胡萝卜那么粗，是铁的。

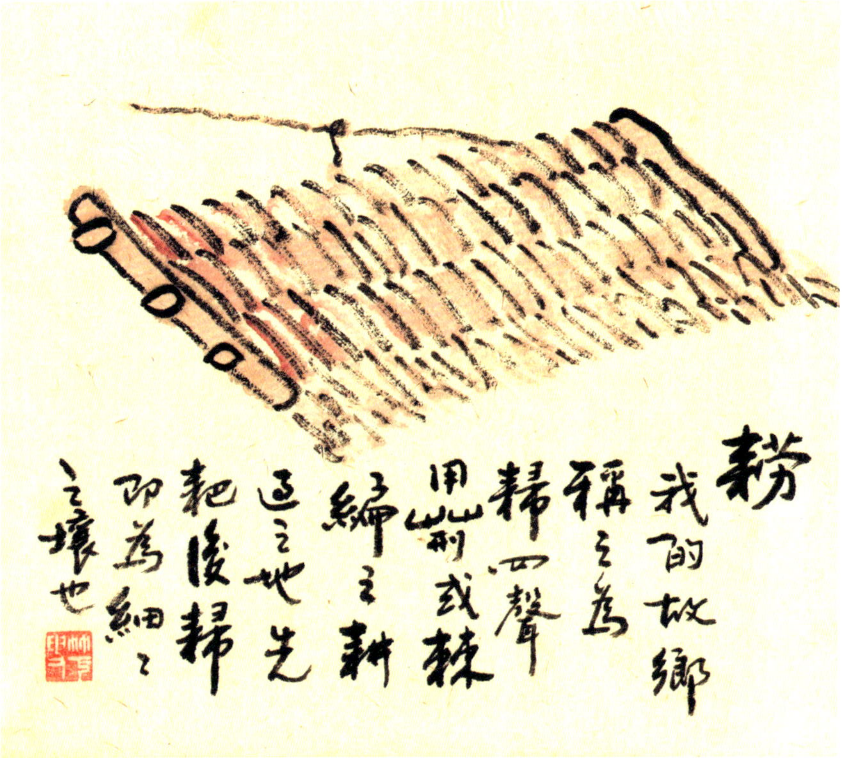

耢（lào）

土地耕过了，耙过了，如果仍然不够细，就要耢。

它的框架与耙差不多，只是不装铁齿，

而是编上树条子——一般是枣条。

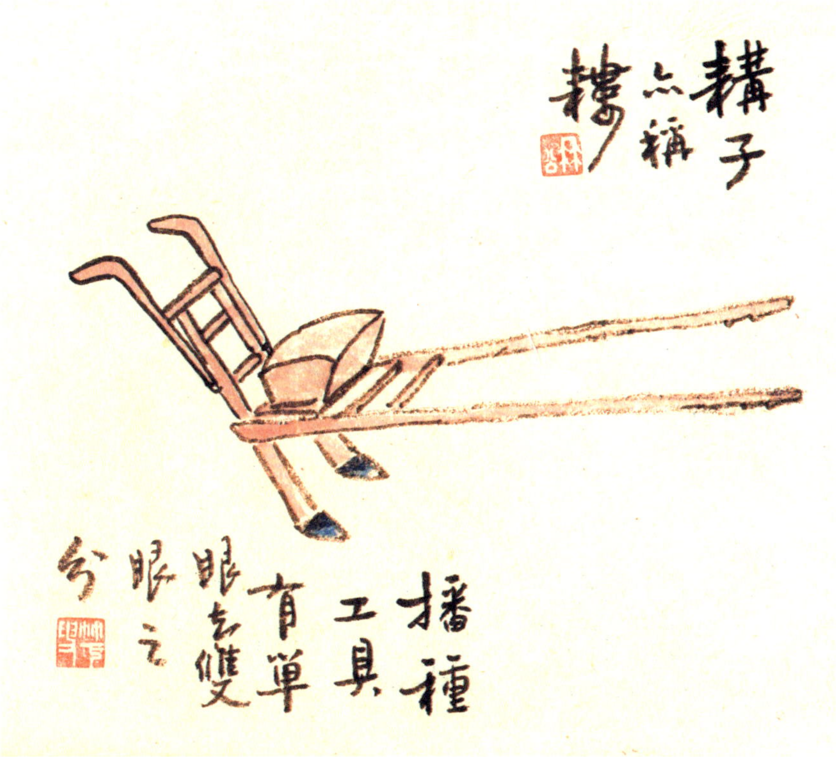

耧

耧，也叫耩（jiǎng）子，用于播种。

有单眼和双眼之分：单眼一次播一垅，双眼一次播两垅。

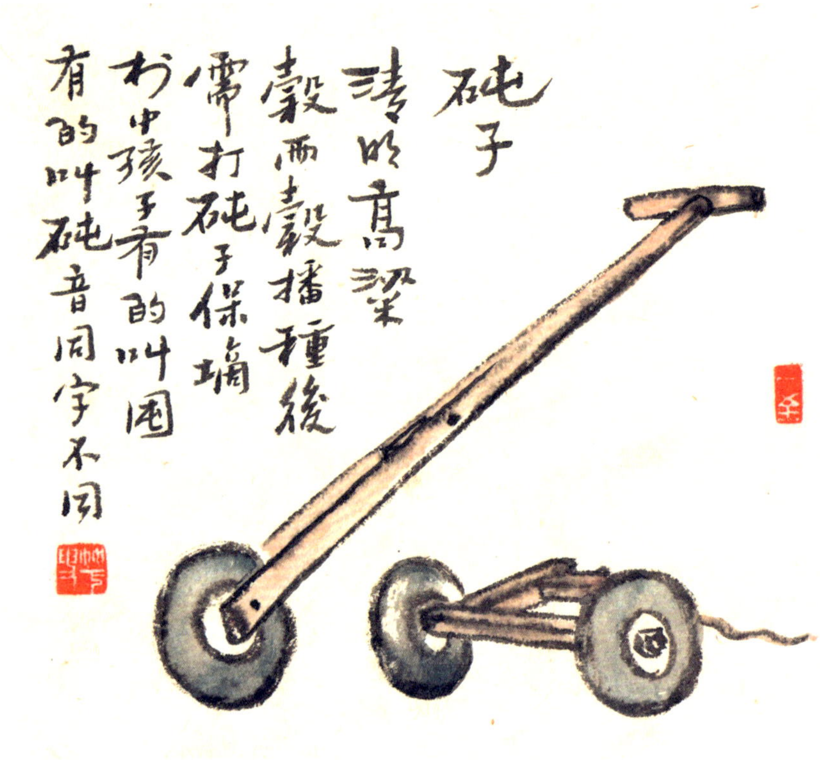

砘（dùn）子

播种后，需要把土压实，用的工具就是砘子。

前面播种，后面“打砘子”，就是推着或拉着砘子，跟着耧慢慢走。

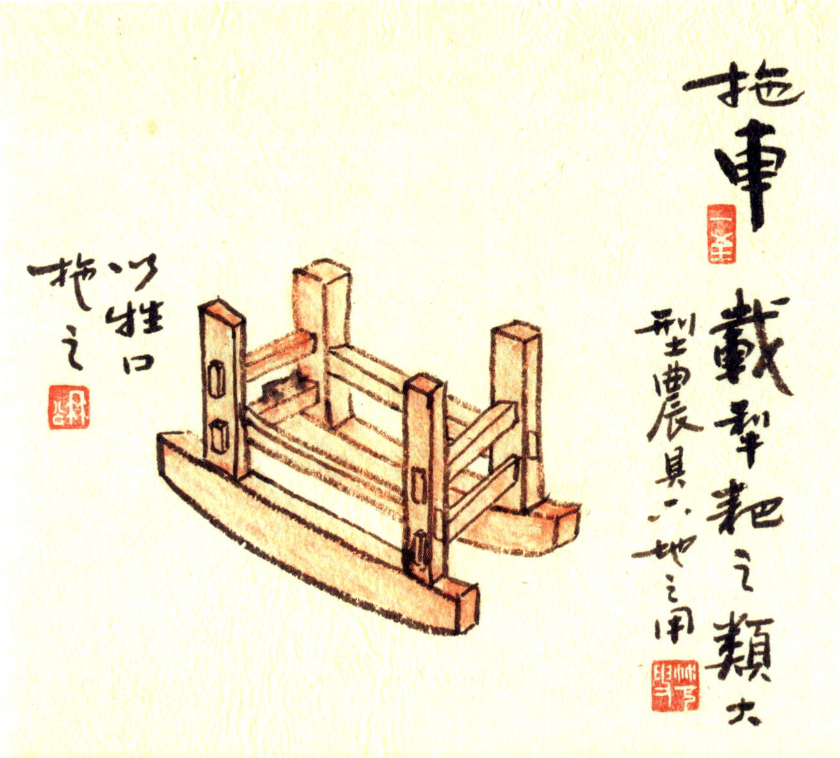

拖车

农民下地，那些笨重的大型农具，

比如犁与耧，扛着太重，

就让牲口用拖车拉着。

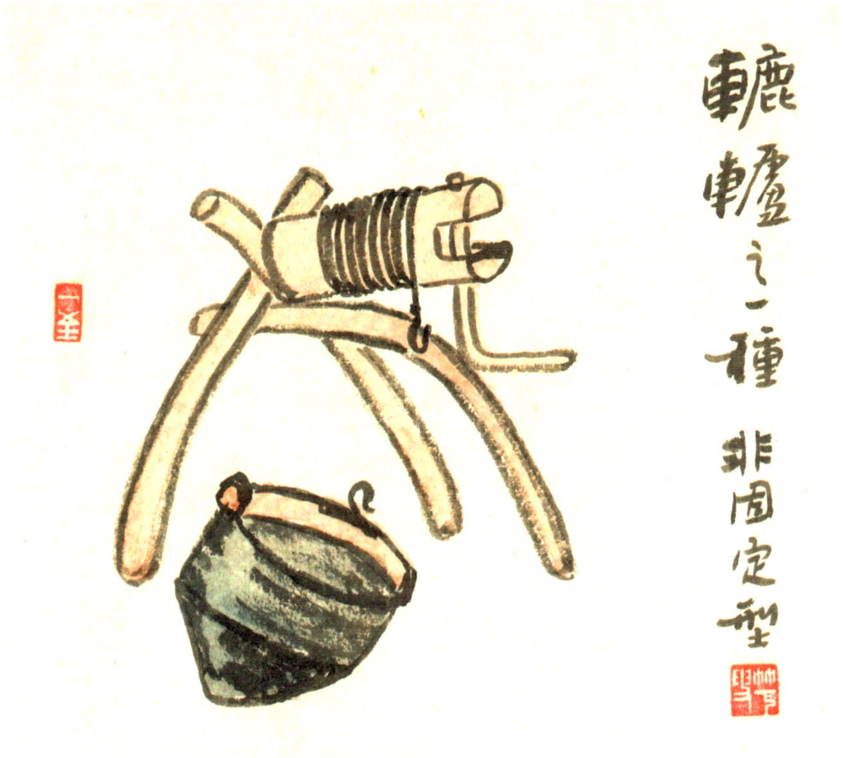

辘轳与筲桶

辘轳有多种。

这种非固定型的辘轳，可以扛着上东山，也可以下西洼。

倒筲是一种尖底的筲桶，从井里绞上来之后，往旁边一拉，一松手，水就倒了出来。

“一个大姐本姓田，扛着辘轳去浇园。”歌谣说的就是这种辘轳。

水车

水车比较古老，但我熟悉的是这一种。

它被固定在某个井上，可以由牲口拉，也可以由人推。

一串水斗相继上下，不断把水取上来。

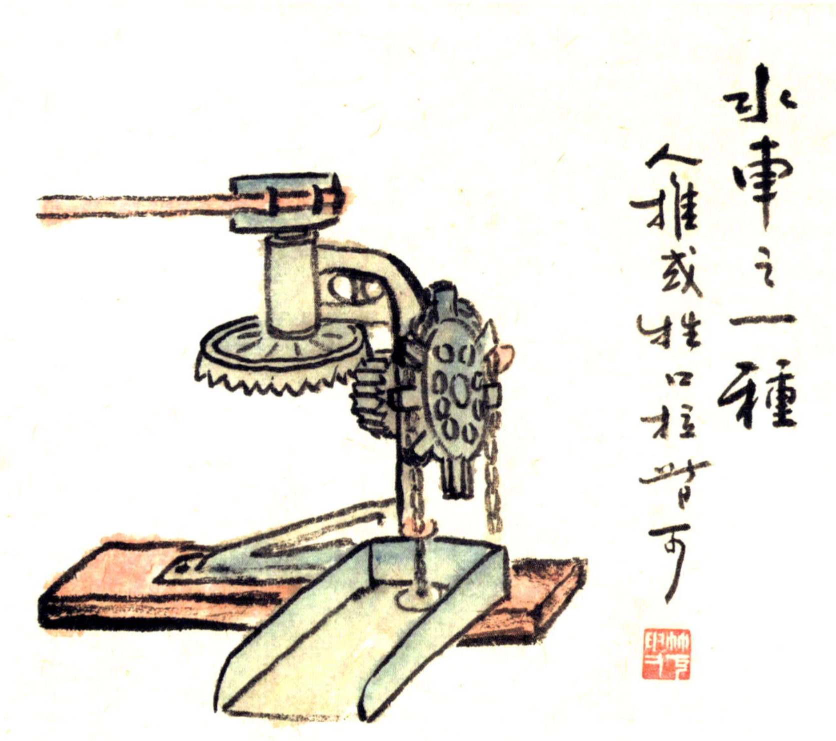

水机子

在许多地方，它被叫作“水车”，而我的家乡叫它“水机子”。
在我的家乡，这种人力抽水机出现于 1920 年代，消失于 1960 年代。

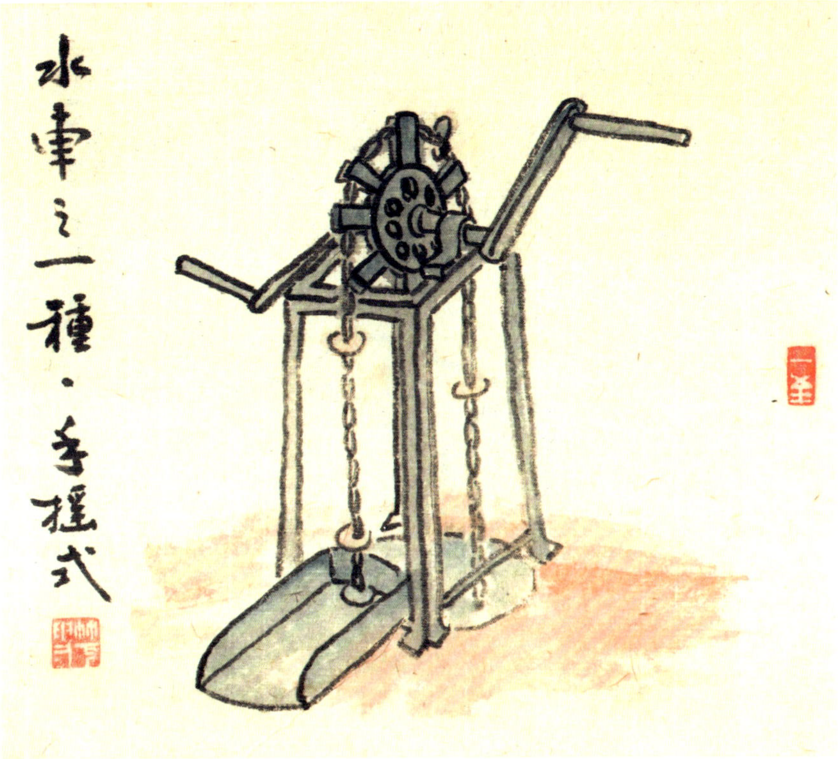

手摇子

手摇子应该是水机子的改造版。

改造原因一是牛、马减少，水车、水机子不再适用；

二是“妇女能顶半边天，不在家中吃闲饭”，开始下地劳动。

手摇子是量身定做的，适合七分工的半劳力。

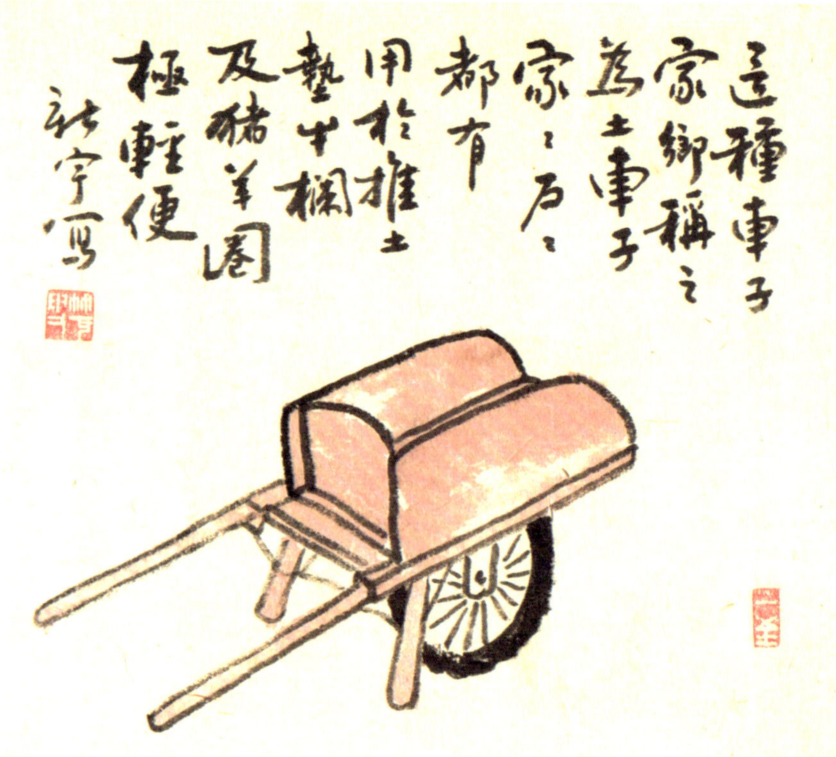

土车子

村子里家家户户有一辆，因为哪家都需要给牛棚或猪圈垫干土，还需要把牛粪和猪粪推出去。

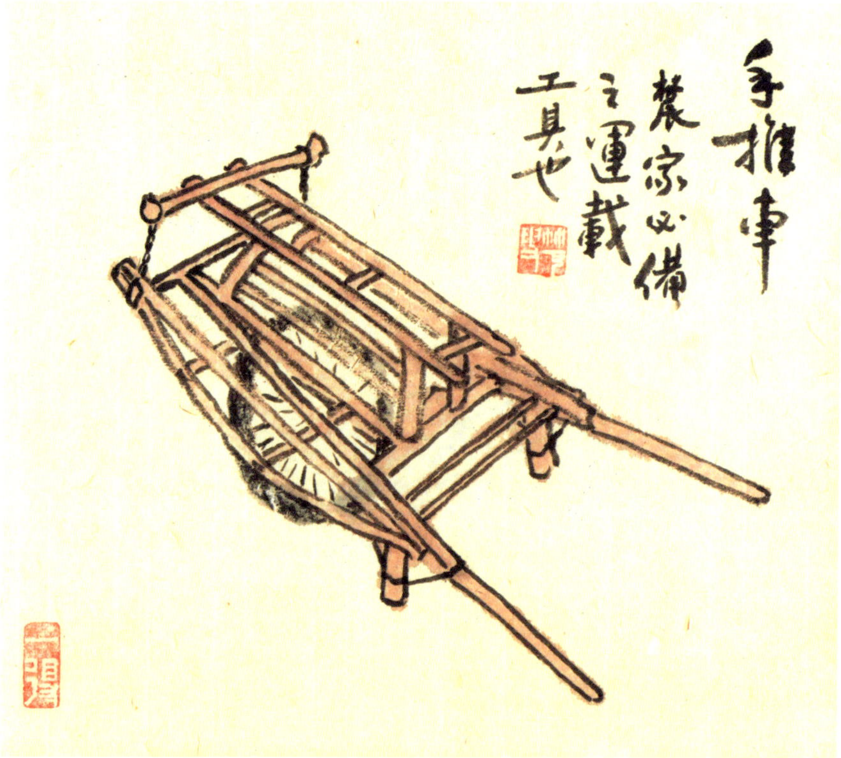

手推车

手推车是农家必备工具。

从大到小，从木轮到胶轮，有个发展变化过程。

它可以运载各种东西。

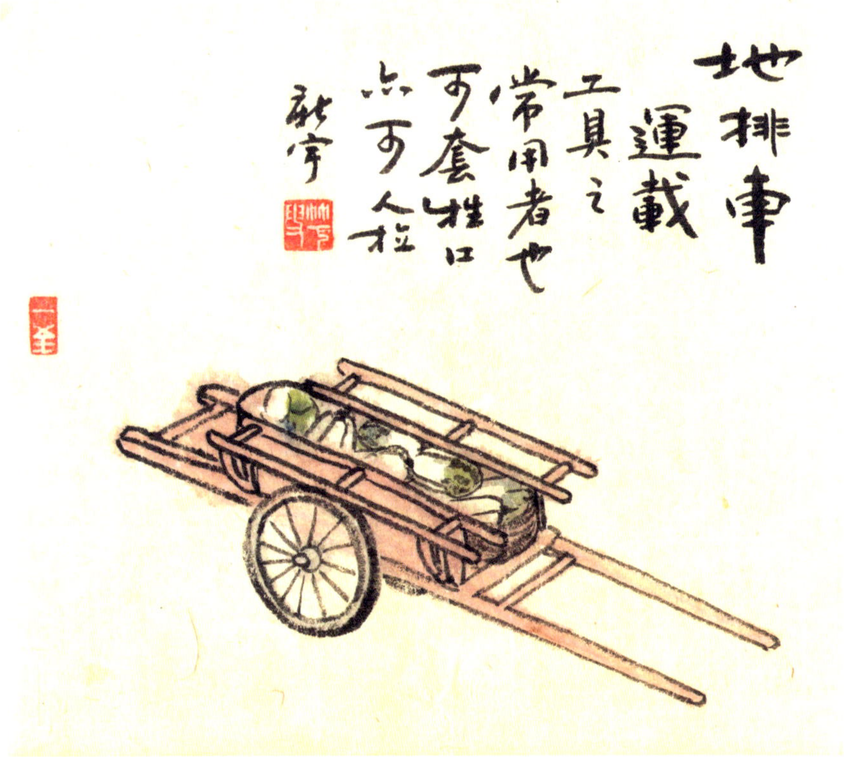

地排（pǎi）车

因为轻便，它可以套牲口，也可由人拉。

下地时拉一辆地排车，可以让老婆、孩子坐在上面。

回来时还可以从自留地里拔上两棵大白菜，摘上两个大倭瓜。

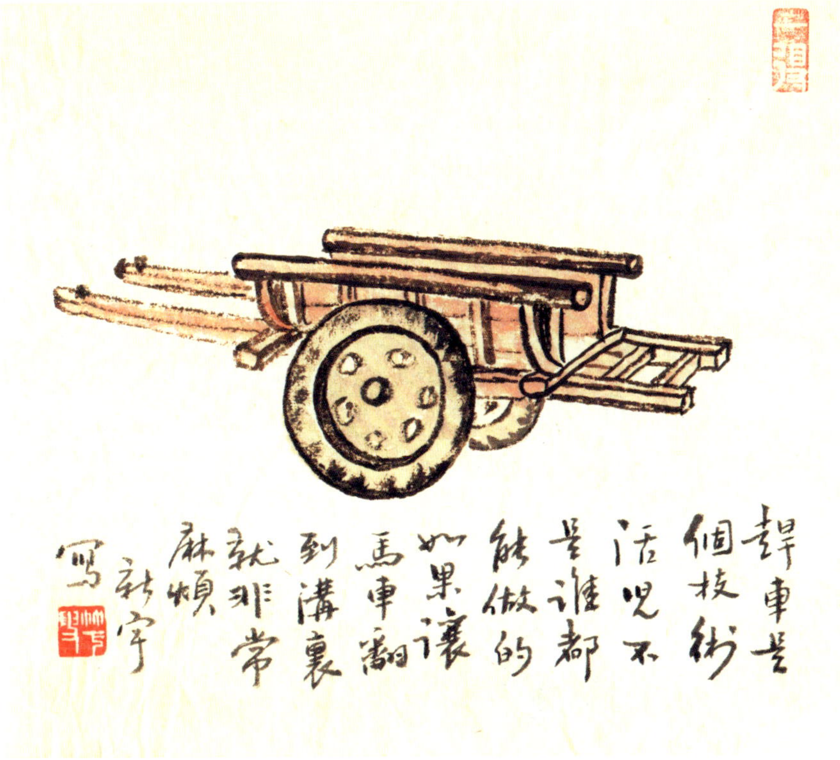

马车

马车曾是富裕之家的标志。

与它配套的，有马匹和车把式。

赶车是个技术活儿，不是谁都能做的。

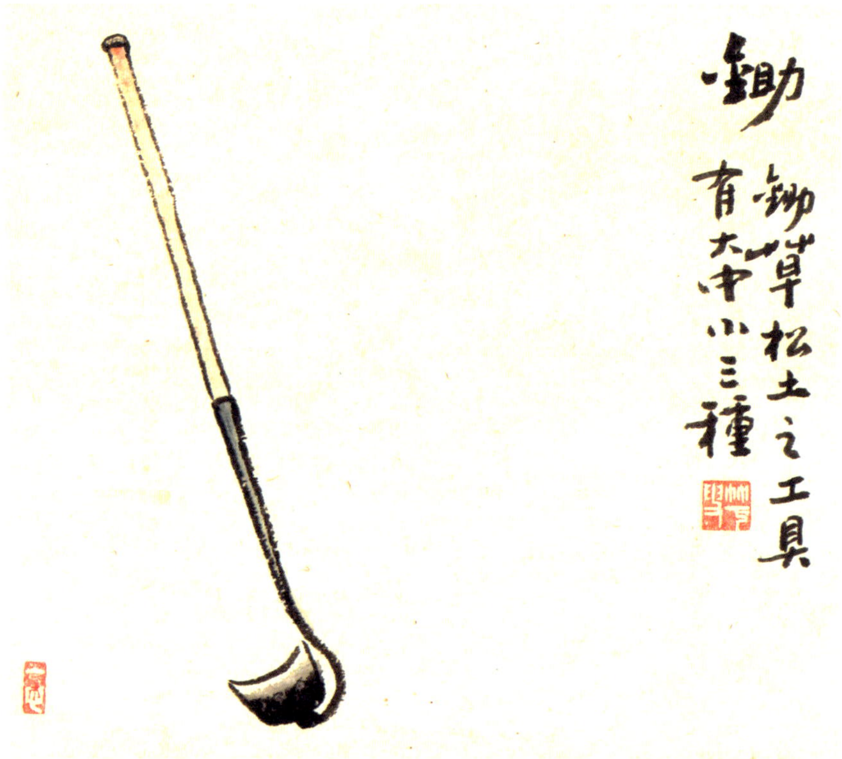

锄

常用农具之一，有大、中、小三种，主要用于锄草和松土。

在我的老家里，还保存着三把锄头。

我一次次把它们打磨出来，却派不上用场。

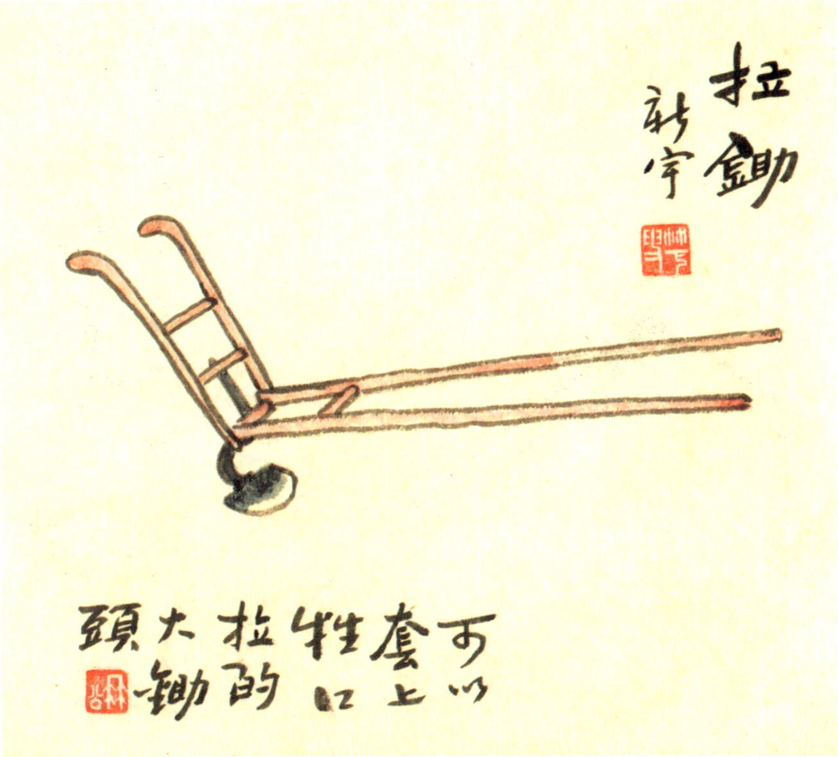

拉锄

它是一个大锄头，用于锄草和松土。

玉米、高粱行距大，人工锄需要并排三锄，用它一锄就够。

拉锄太大，挥不起，拖不动，所以套上牲口拉。

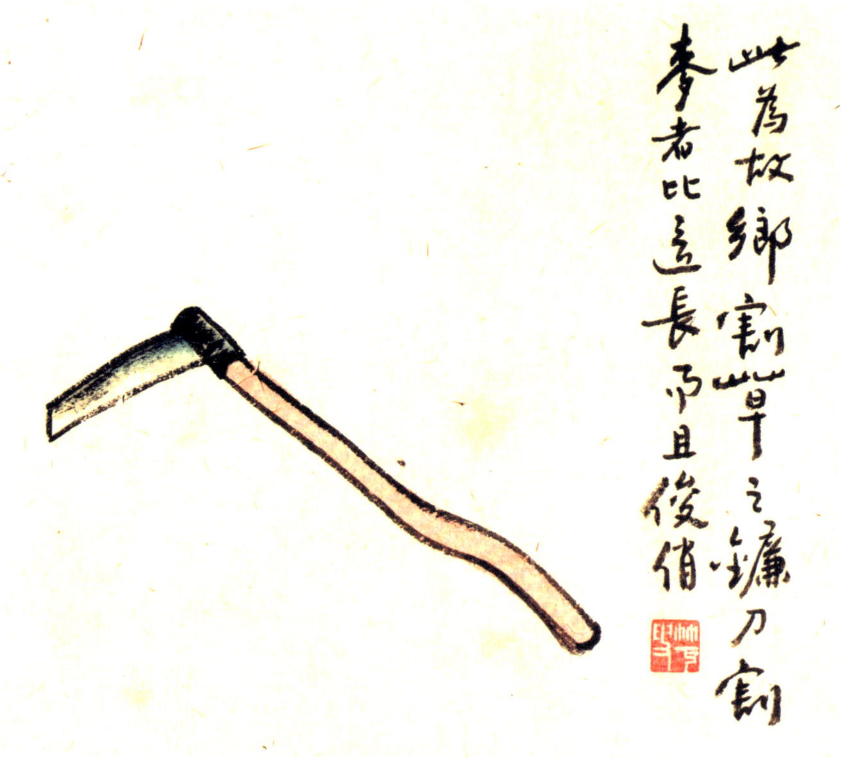

镰

常用农具，

用于割麦子、割谷子、砍高粱，还有割草。

在使用联合收割机之后，它几近退出了历史舞台。

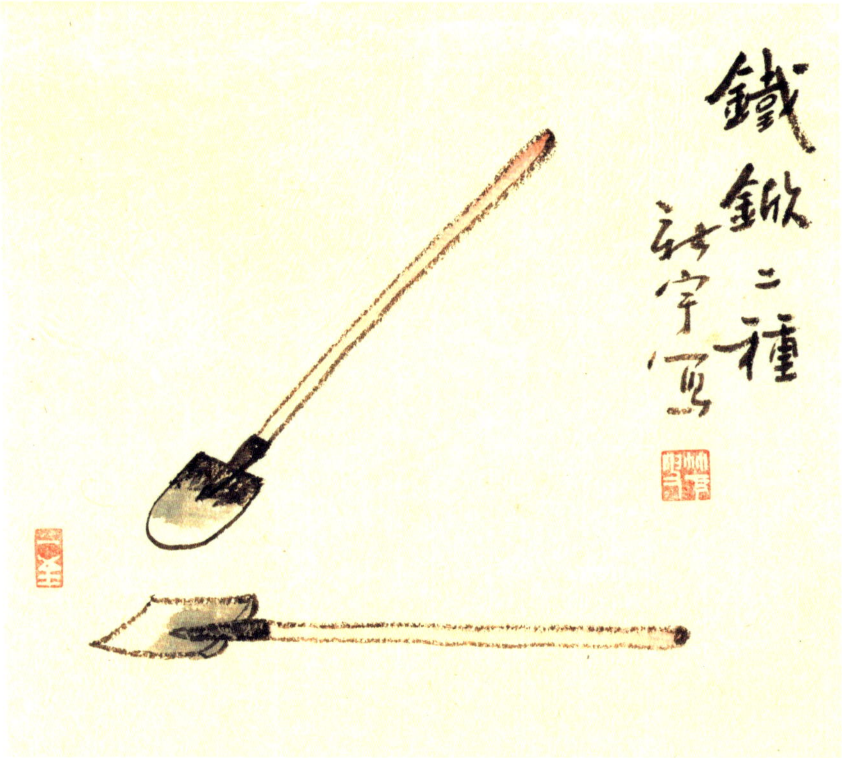

锹

有的地方叫锹，有圆头与方头两种，也是常用农具。

翻地，掘坑，培土，开沟，都离不开它。

无论栽花还是种树，最好的工具还是它。

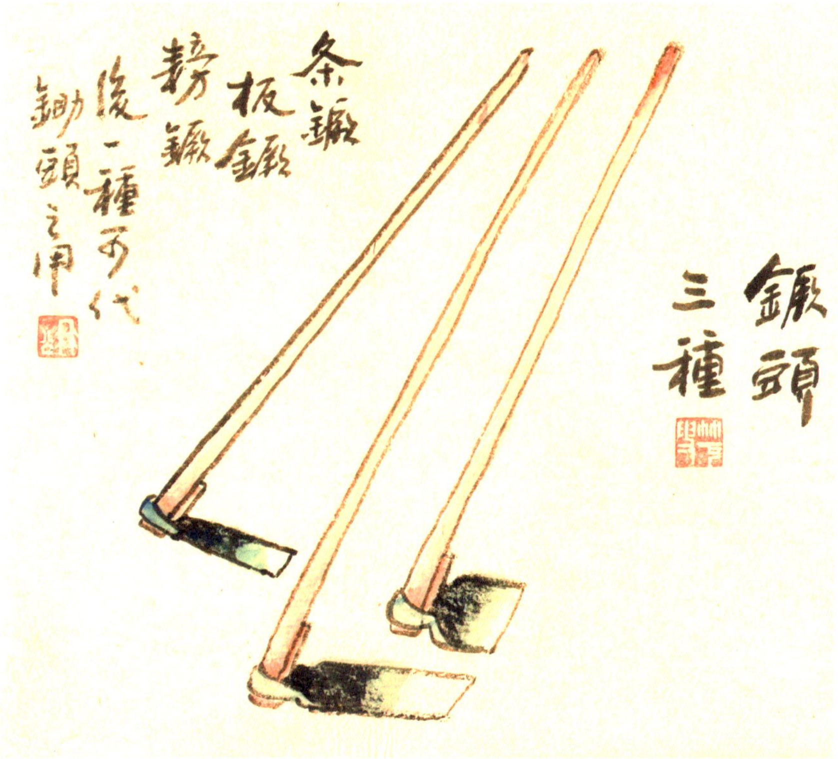

镢

有大小不同型号，又有条镢、板镢、耪镢之分。

条镢主要用于条畦子，或开窄小的沟；

板镢主要用于刨地，刨得快，也刨得深；

耪镢用于耪草和松土，与锄头有同样功能。

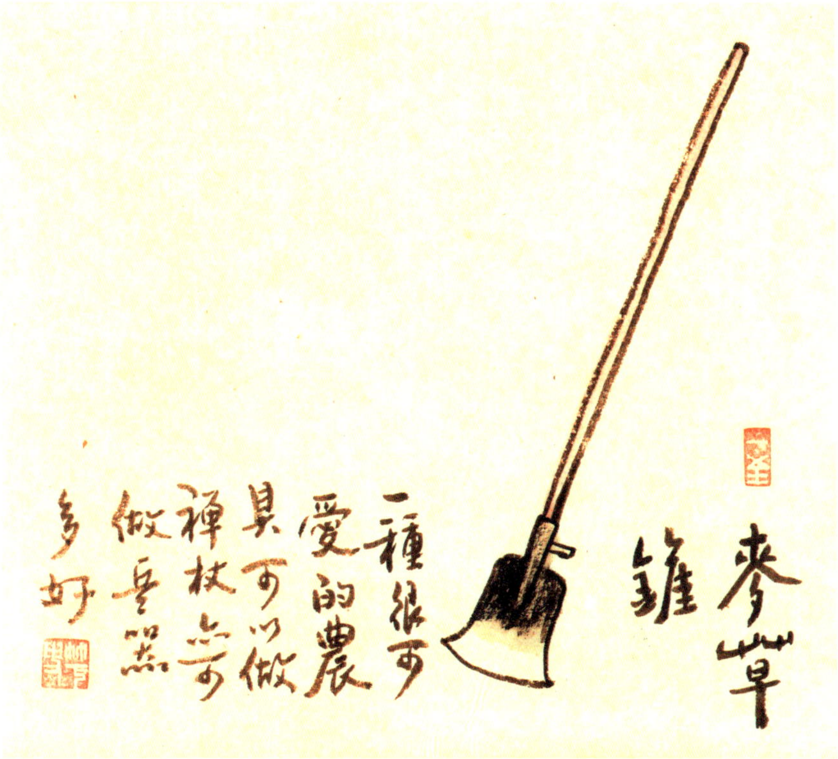

麦草铲

这是一种极好的农具，我很喜欢。

它主要用于铲草，也可以代替锨翻地松土。

看上去像禅杖又像兵器，鲁智深手里的家伙，与它差不多。

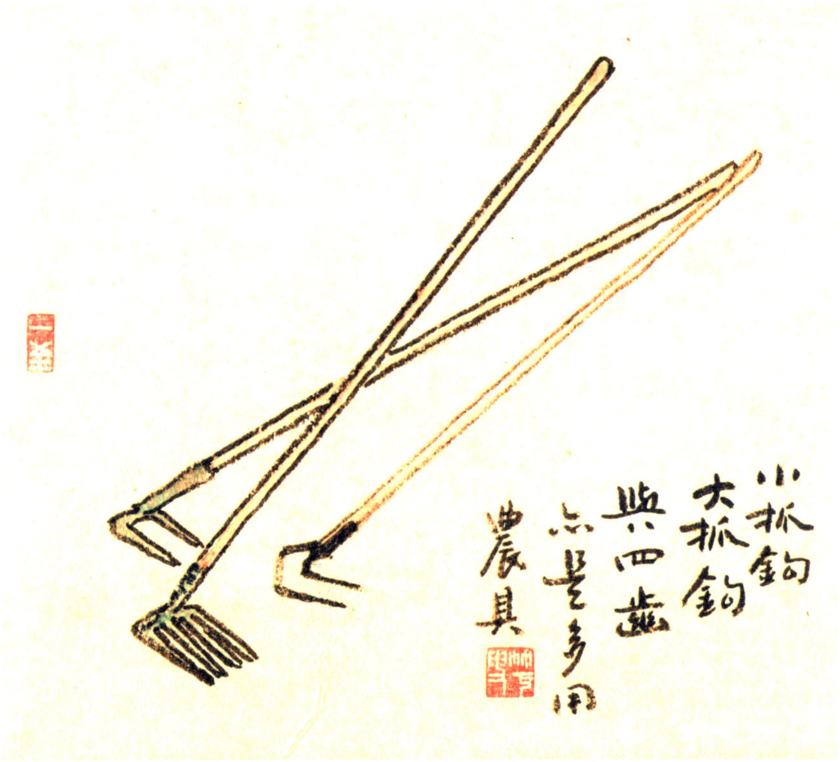

抓钩

在我的故乡，它叫抓钩，按大小和轻重分为不同型号。

小抓钩用于在密集的庄稼空隙里松土。

在海滩或湿地上，大抓钩可以代替镢头。

在烂泥中刨地，抓钩的确比镢头好用。

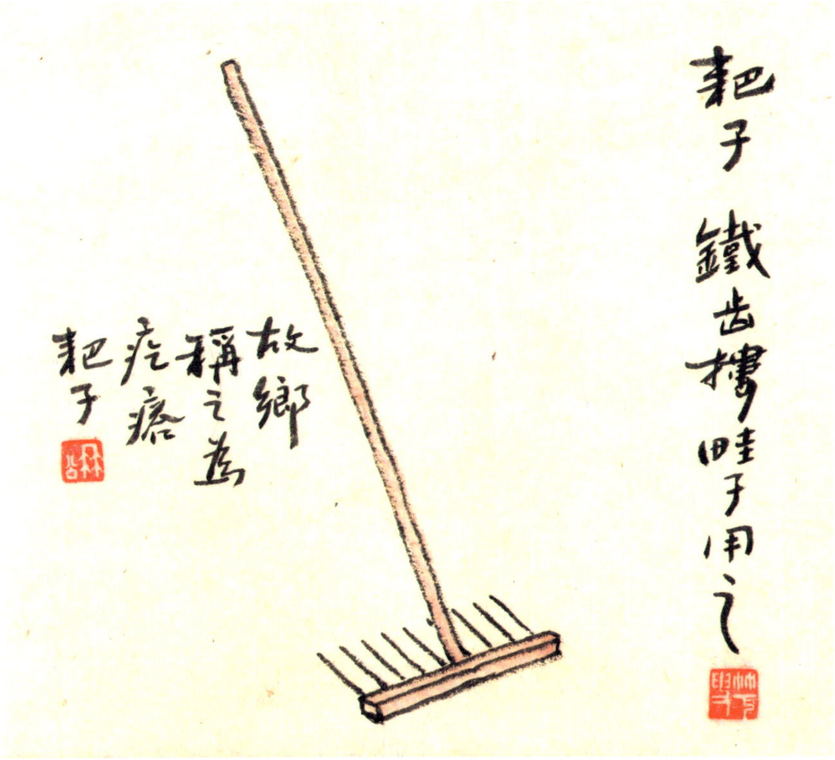

疙瘩耙子

它的用处是砸土坷垃和搂畦子。
种东西之前，需要整平，并把土坷垃砸碎，
这事儿就依靠疙瘩耙子来完成。

抬筐

抬筐是它的学名，通俗易懂。比较大，需要两人抬。

我的乡亲们却叫它“牛筐”。

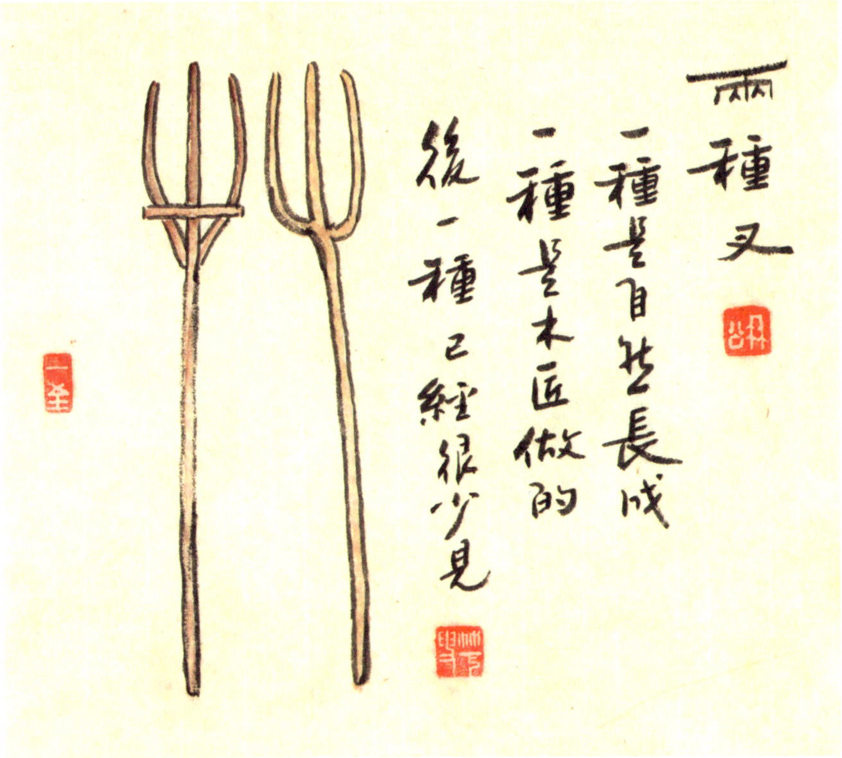

木杈

或是木匠做成，或是在人工管理下由小柳树自然长成此形状。
叉是场上用具，早晨把谷穗、高粱穗或麦穗在场上摊开，
傍晚再把它们堆起来，靠的就是它。

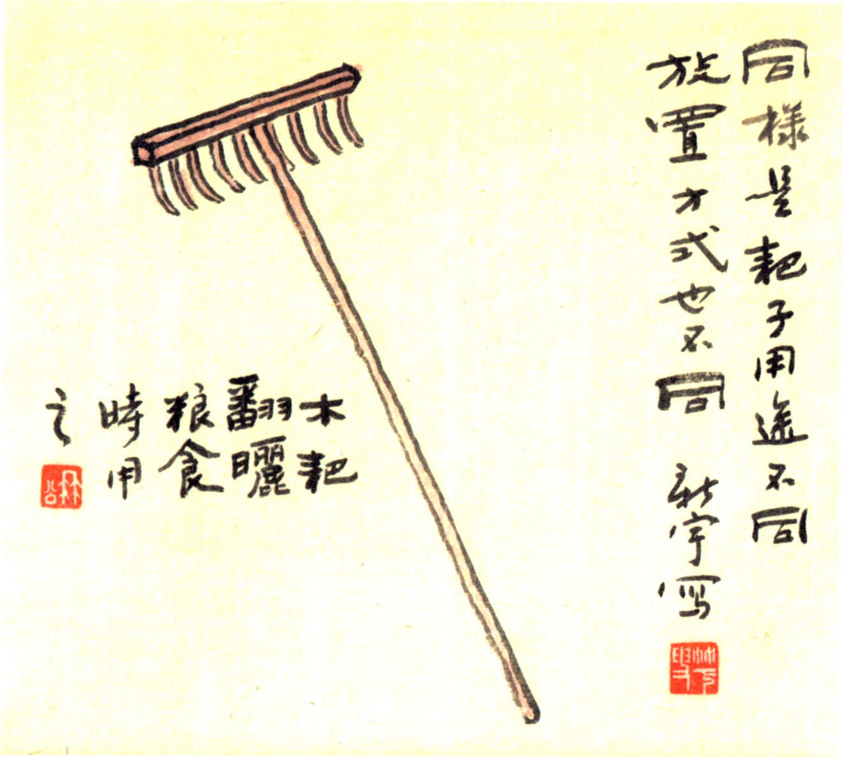

耙子

同样是耙子，质地、用途不同，放置方式也不同。

铁齿的地里用，放置时头朝下；

木齿的场上用，放置时头朝上，

打完场就要拿进库房挂起来。

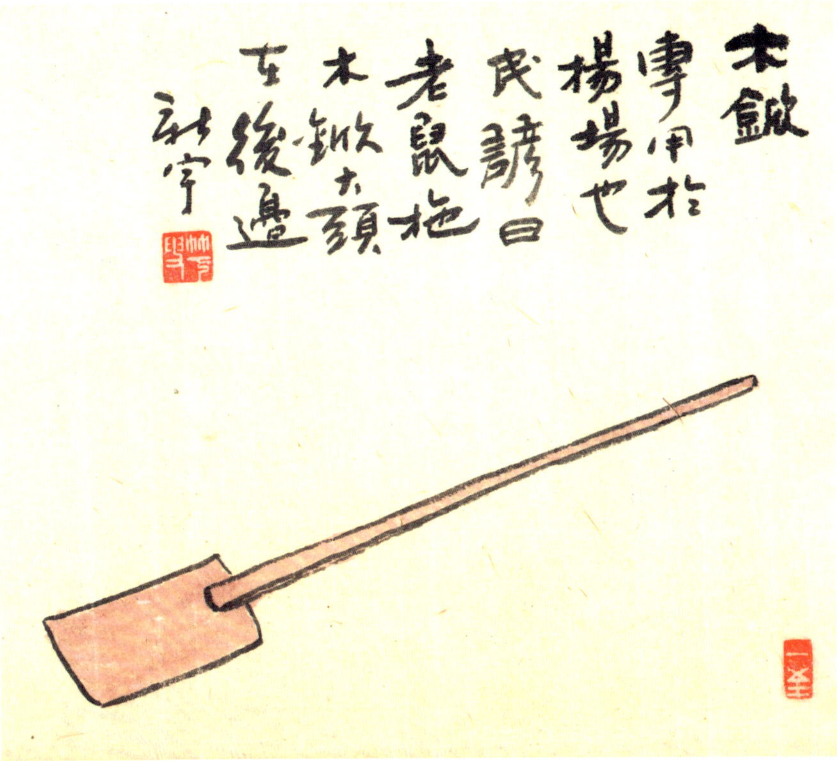

木锨

木锨是用来扬场的。

粮食打下来，需要扬一遍，借风力去除糠和尘土。

扬场用木锨，也可以配合小簸箕。

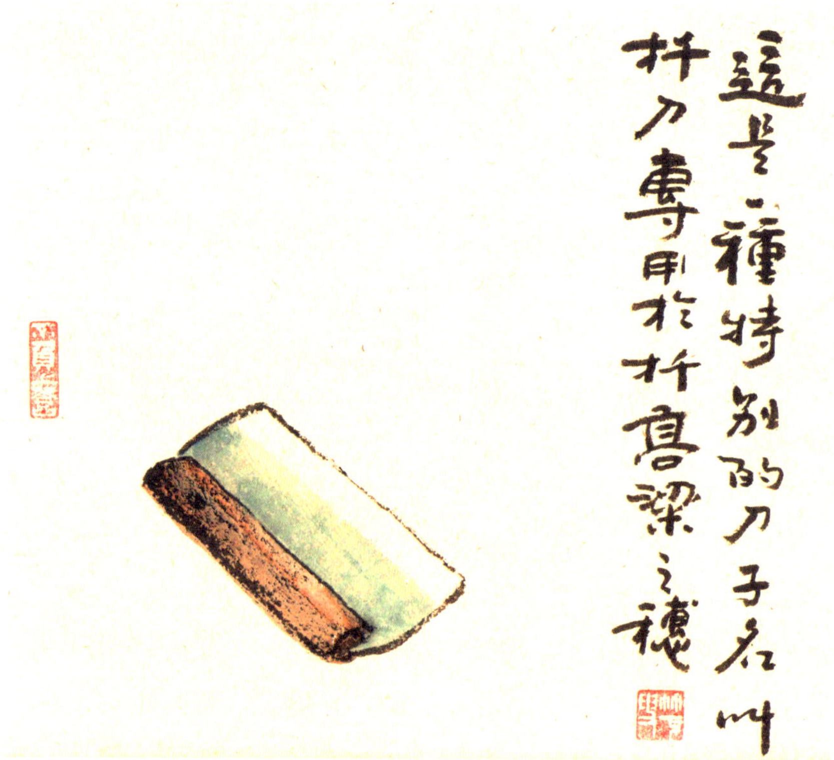

扦刀

它很小，四指宽，轻便快捷，主要用于扦高粱。

收高粱的时候，先用镰刀把高粱砍倒，然后再用它扦下高粱穗。

刈镰

小麦收割运到场上后，女人们的工作就是刈麦。

用专门的铁梳子把麦叶梳掉，用刈镰刈掉麦穗，就是光滑而整齐的麦秸了。

三斤或四斤麦秸，可以换一斤麦子。

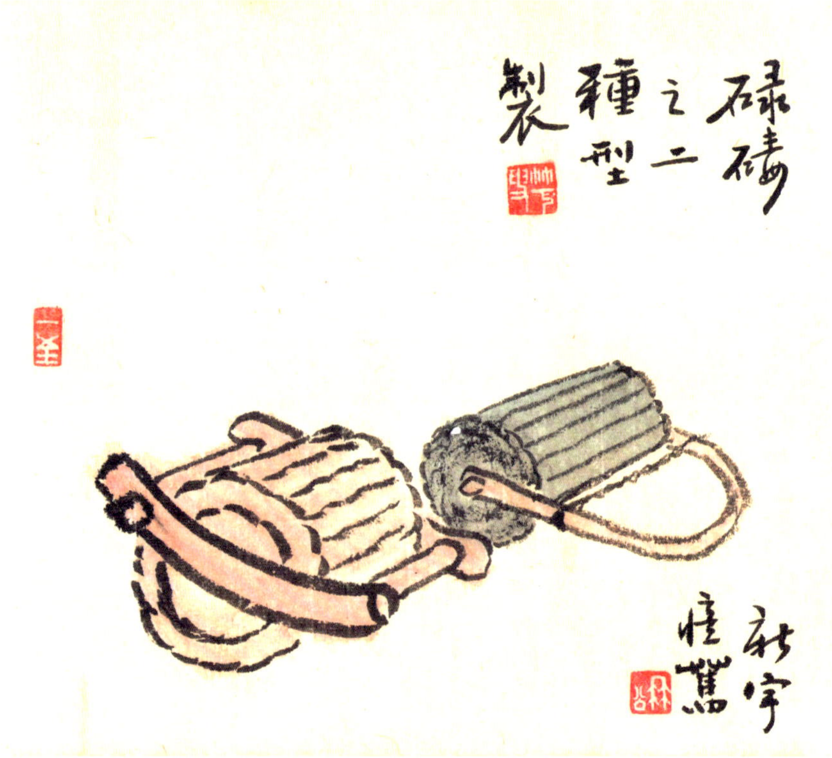

碌碡

打场的主要工具，可以人拉，也可以套上牲口拉。

麦子割回来，刈下麦穗，摊在场上晒干，用碌碡碾压，麦粒就下来了。

碌碡有大有小，可以用不同的石料做成。

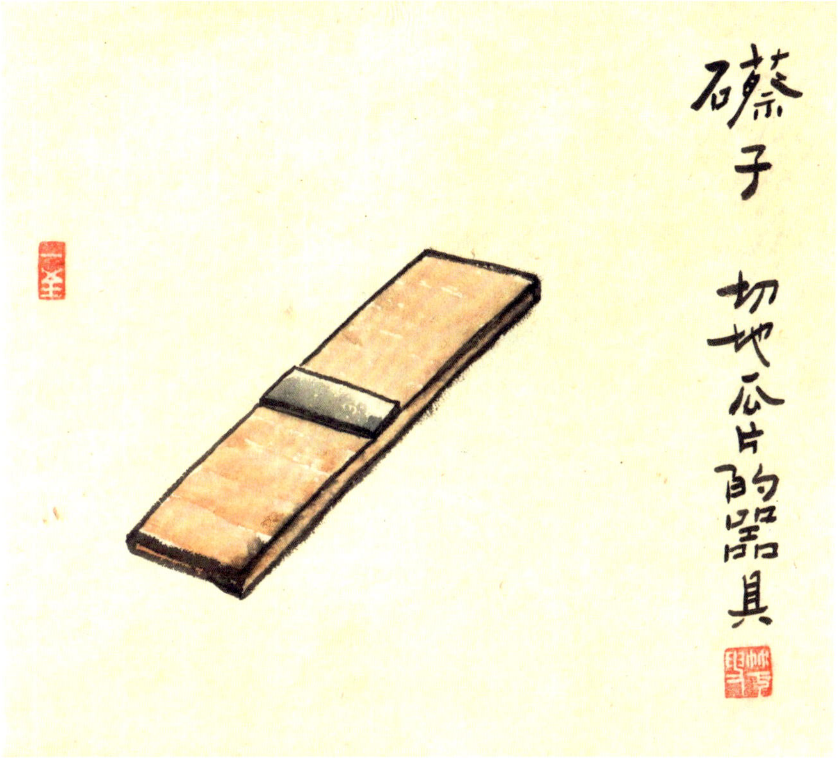

礤刀

可以礤片，可以礤条，可以礤出细细的萝卜丝。

它有搓板那么大，而且只能礤片。

在晒地瓜干的历史上，它是先进的工具。

轮刀

它是专门为地瓜干的生产而出现的，
使用时一边转动刀，一边把地瓜放进它的兜里，
切片效率高了不少。

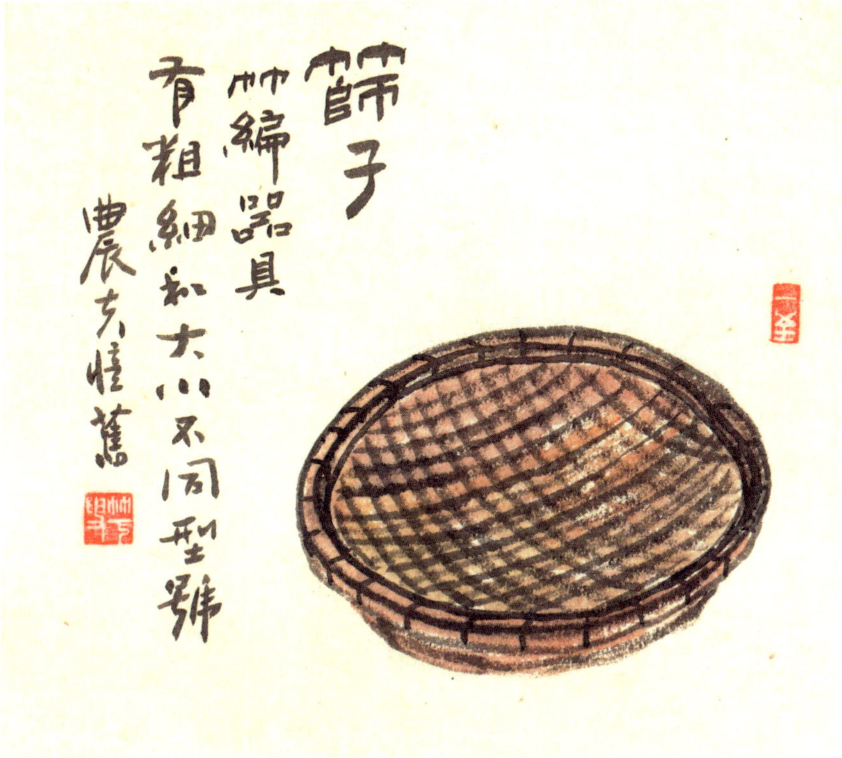

筛子

有粗细和大小不同型号。

细者用于筛去粮食中的土和细沙，让粮食留在筛子里；

粗者用于筛出麦穗或谷穗，却是让粮食漏下去。

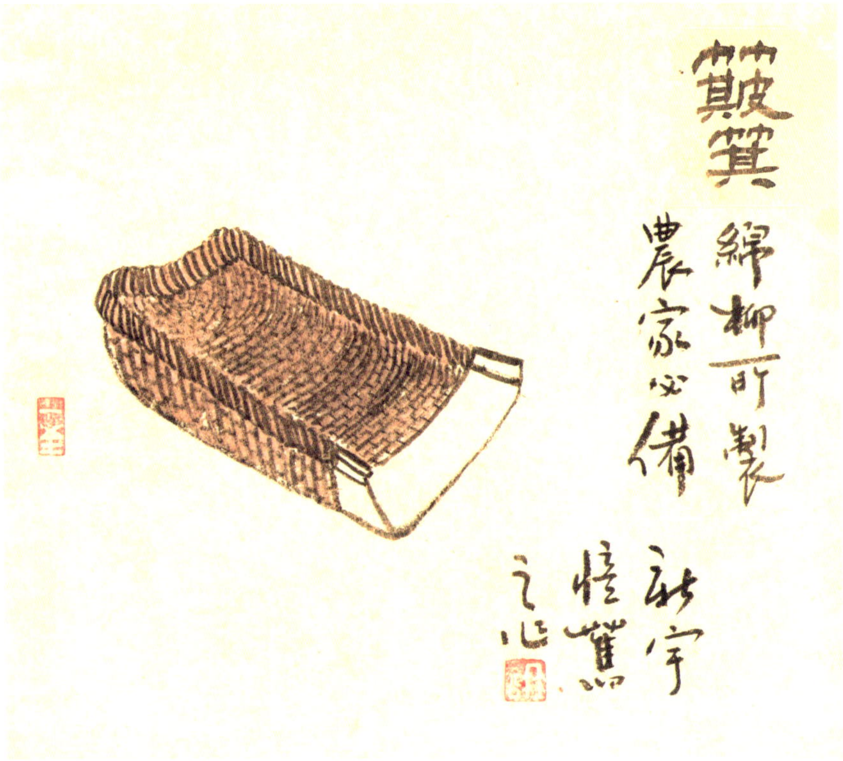

簸箕

柳条编成，前面有一块薄薄的柳木板，称作“簸箕舌头”。

有时用坏了只要换舌头，就又顶一个新簸箕。

簸箕之用在于“簸”，除去粮食中的糠和尘土。

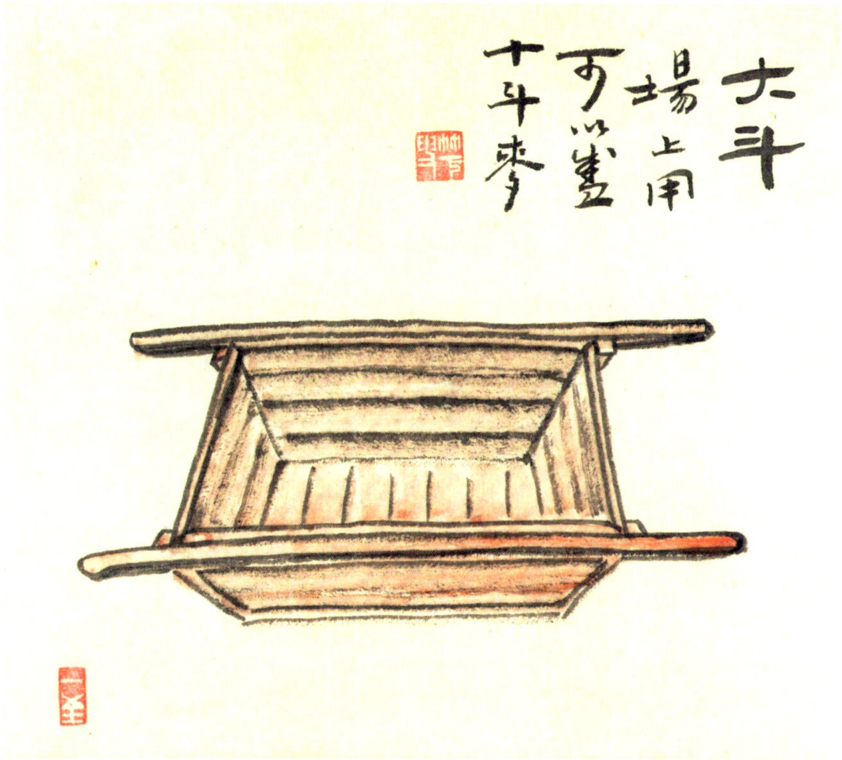

大斗

大斗是场上用具，需要两人抬。

它是一种容器，也是度量衡，十斗麦子，就是一百五十斤。

打下来的粮食，用它抬进库房，收成差不多就有数了。

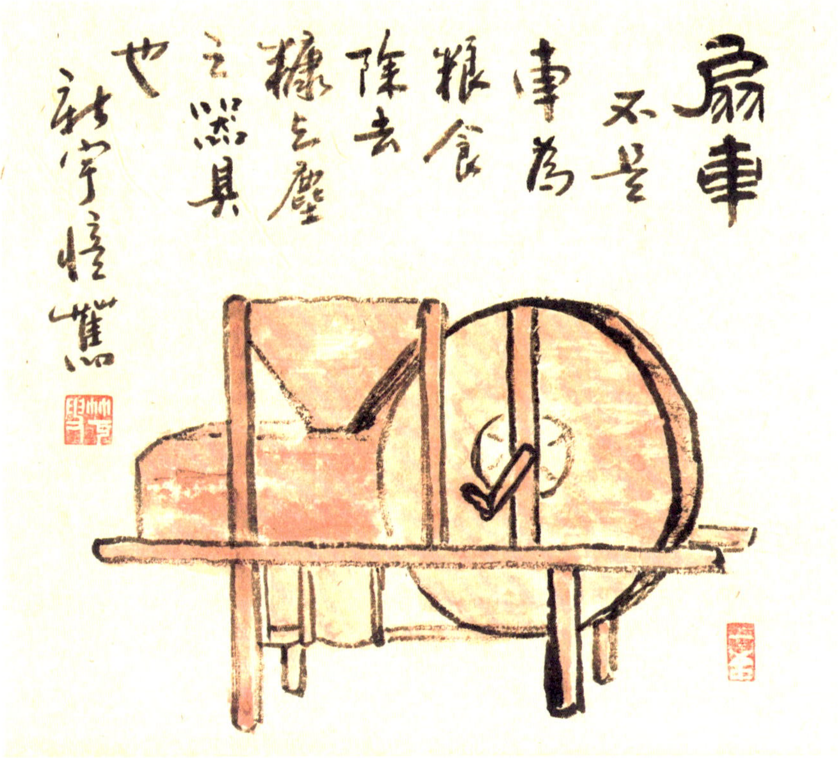

扇车

扇车的功用是为粮食去糠除尘。

用法很简单：摇起扇车，把粮食从上面的漏斗倒进去，

糠与尘土就被扇走了。

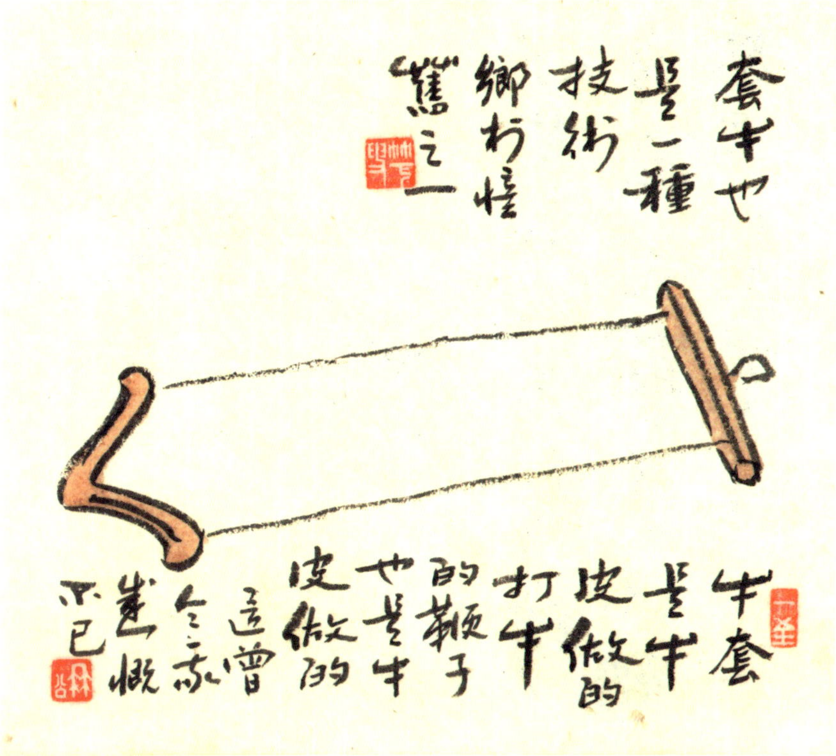

牛套

套牛的技术，

不过是长短、松紧而已，

此外就是哄牛上套。

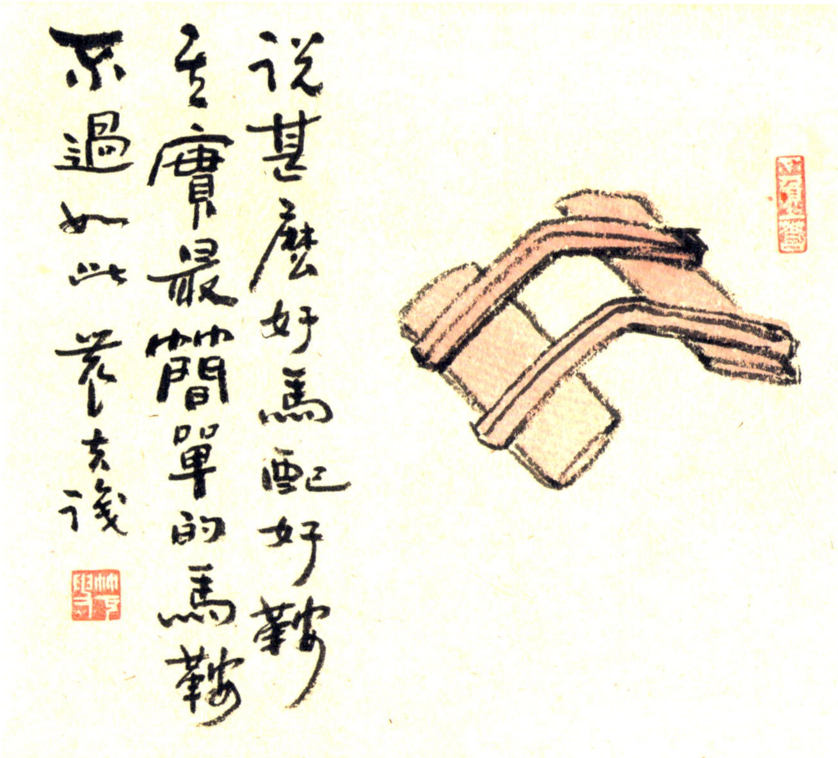

马鞍

这个马鞍是拉犁或拉车用的，不是骑马用的。

拉车的马，拉犁、拉耙、拉耢的马，鞍子很简单。

拥脖

拥脖，在我家乡叫“应脖”，是驴、马和骡的一种装备，与夹板配合使用。

两根木棍夹在双肩之前，

很容易磨得皮开肉绽，这就需要垫一垫。

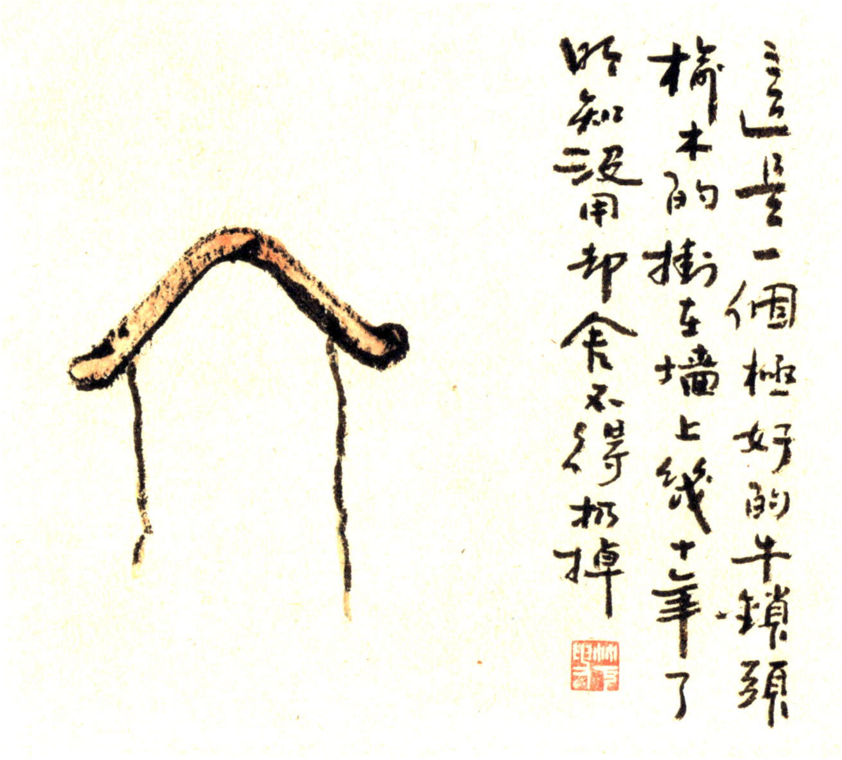

牛锁头

牛锁头（牛轭）与犁铧配套使用，
我画的这个是一个极好的牛锁头，
榆木的，在树上自然长成。

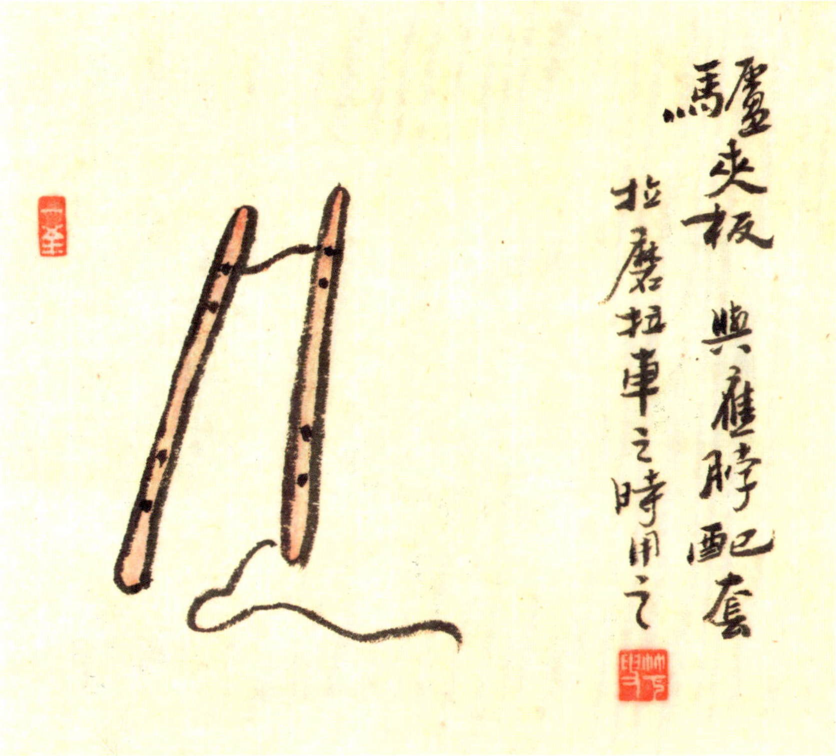

夹板

牛套拴在锁头上，驴套拴在夹板上。

驴拉磨，马拉车，用力在双肩。

为让双肩用上力，所以用夹板。

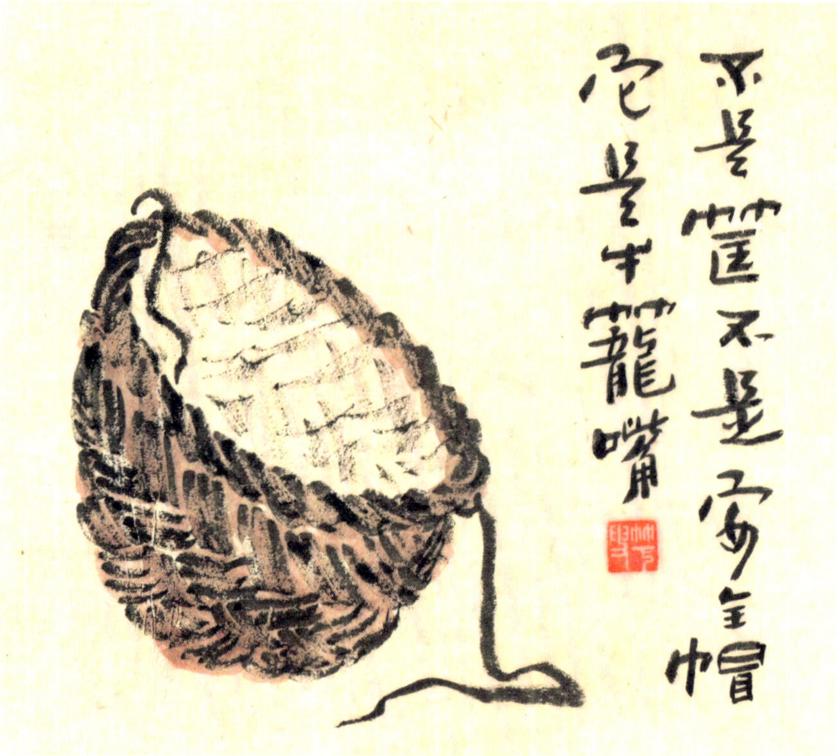

笼嘴

笼嘴，是笼牲口嘴的。

在地里，青苗很好吃，在场上，粮食很好吃，

在磨坊，米面更好吃，所以，要把它的嘴装进笼子里。

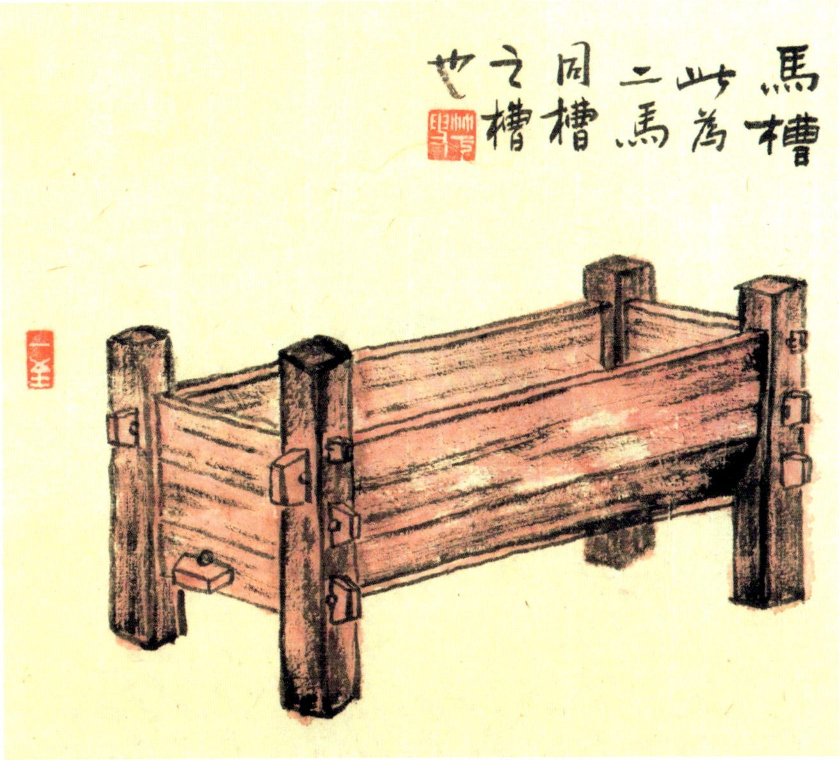

马槽

马棚里最重要的，就是马槽。

马槽和牛槽差不多，

很粗壮，很结实。

铡刀

铡草的工具，

喂牲口不可缺少。

第二辑

百工家什

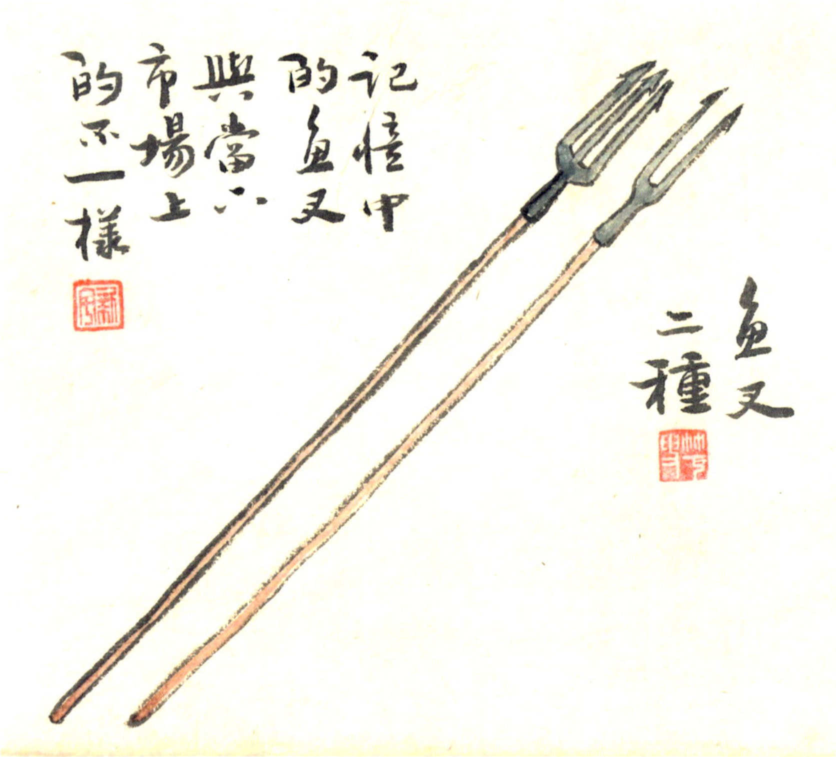

老鱼叉

记忆中的鱼叉，

一般是两个尖，也有三尖的。

单尖的用来叉青蛙，青蛙用来喂鸭。

鱼篓

鱼篓都有细脖子，所以鱼儿蹦不出。

鱼篓放在浅水里，所以鱼儿死不了。

鱼牢、鱼坞

鱼牢是个没底的筐，用在浅水里，像鱼的牢房，
看见鱼就扣下去，它就被关押了，可以从容抓取。
鱼坞下在流水处，鱼虾能进不能出。

铁匠砧子

铁匠砧子有多种形状，这是常见的两种。

铁匠进村后，选定地方先和泥。

两坨硬泥摆在地上，摁炉条，装风箱，铁匠炉就支起来了！

小时候家乡的铁匠大多来自章丘，

近年章丘铁锅又出了名。

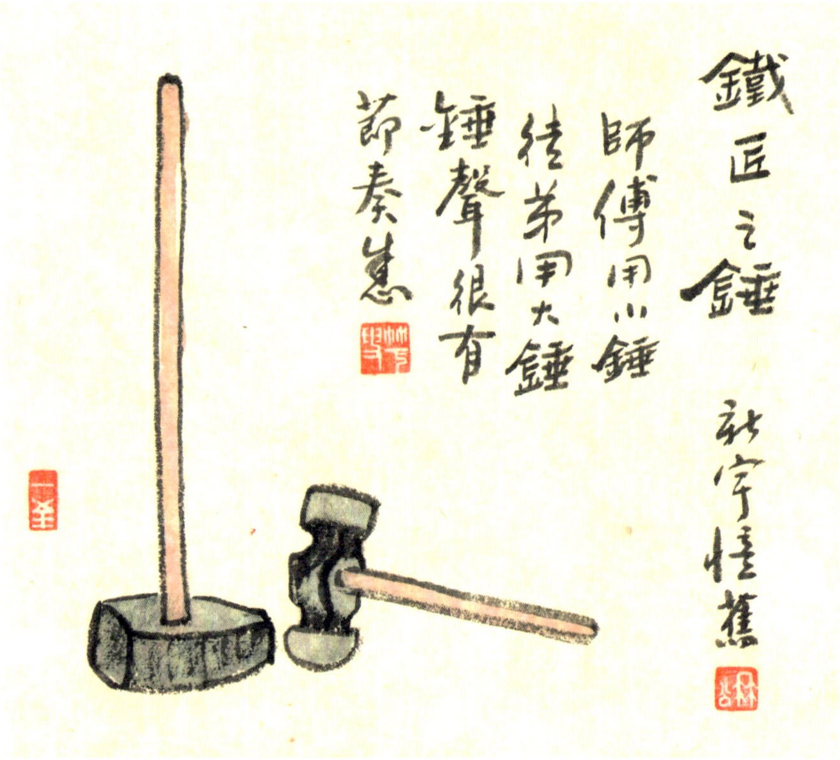

铁匠锤

铁匠的锤都是一大一小，
师傅用小锤，徒弟用大锤，师傅指到哪儿，徒弟打到哪儿，
一轻一重，时快时慢，很有节奏感。

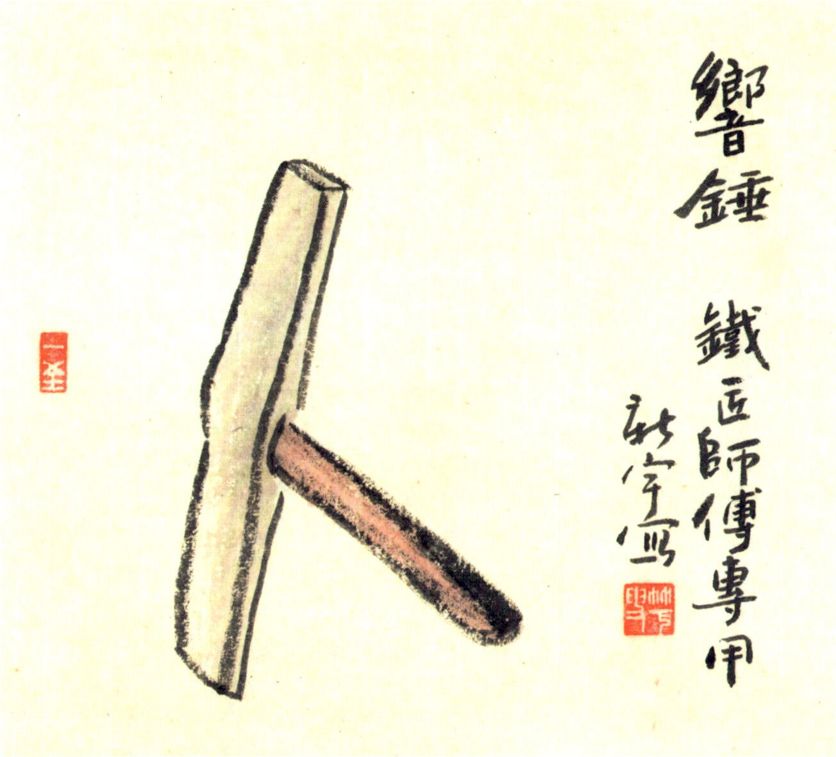

响锤

铁匠进村后，徒弟先和泥，把炉支起来。

师傅点上一袋烟，拿出响锤在砧子上轻轻敲，它就会铛铛响。

一会儿就有人往铁匠炉边跑。

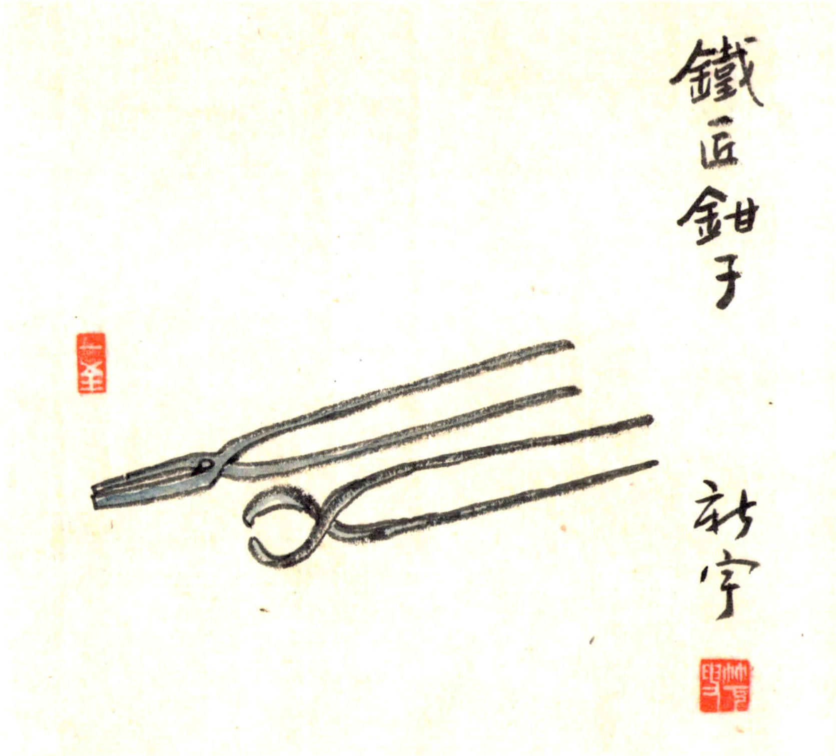

铁匠的钳子

因为要把烧红的铁从炉火中钳出来，
因为要夹住红红的铁反复锻打，
铁匠的钳子特别长。

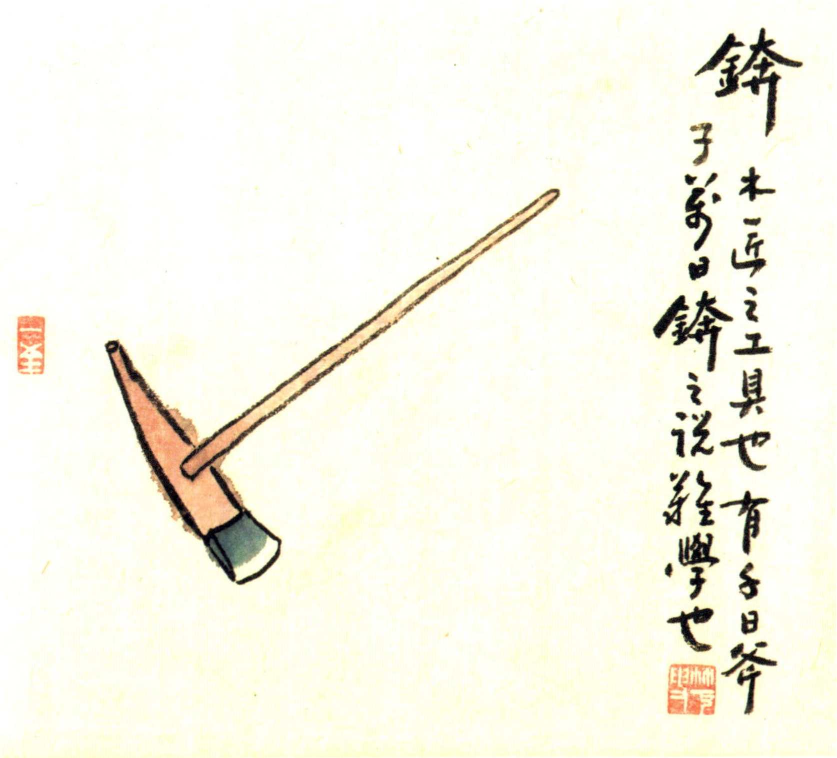

锛

如果家中有锛，主人一定是木匠。

“千日斧子万日锛，大锯不过三早晨……”

说的是木匠活儿的难与易。

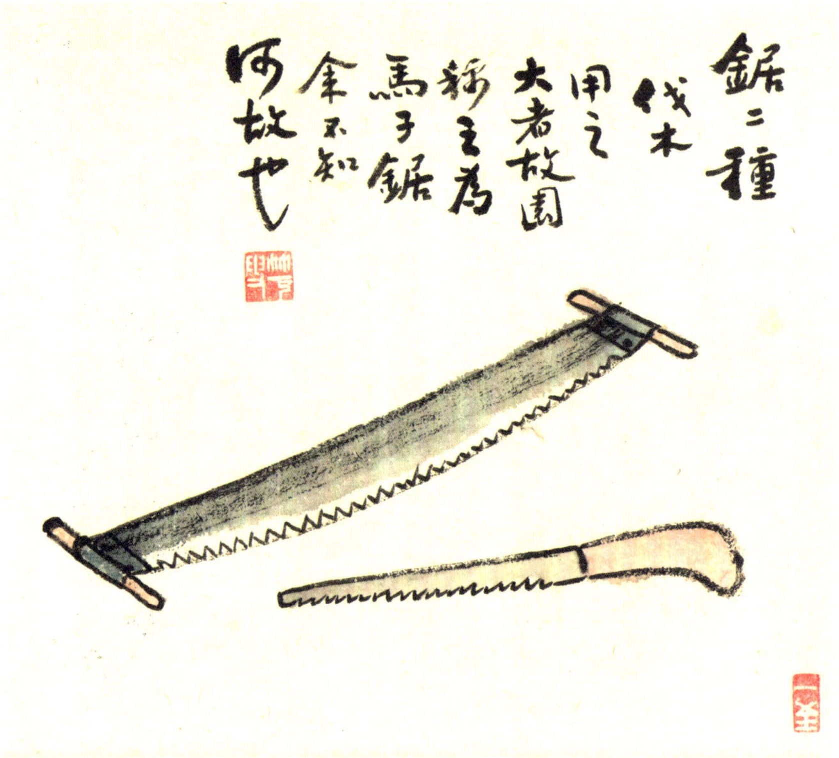

马子锯与刀锯

大的叫马子锯，小的叫刀锯、手锯。
马子锯用于把树锯倒，
刀锯用于截下树枝。

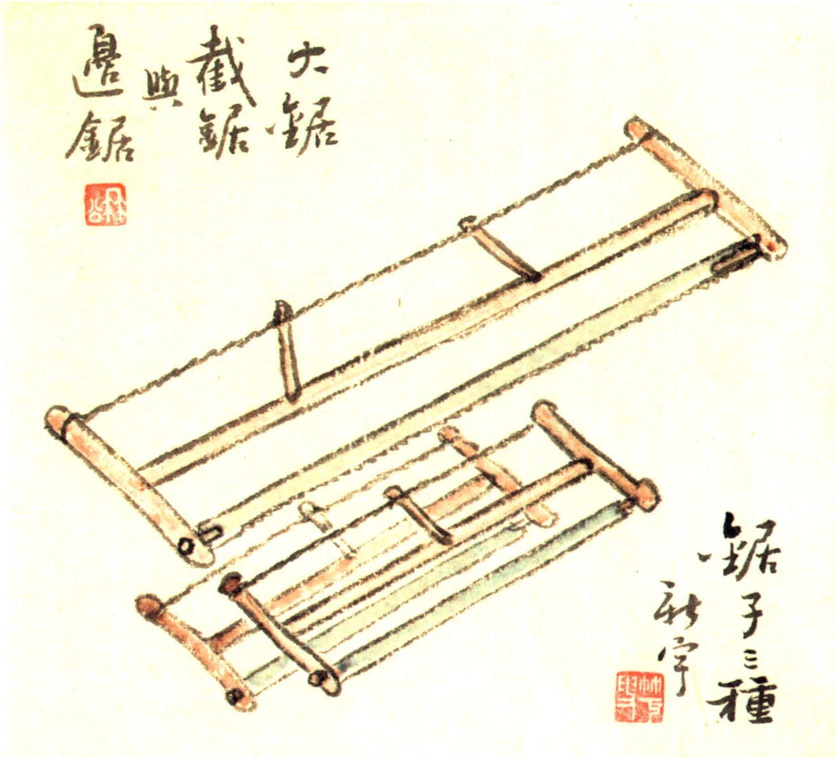

大锯、截锯与边锯

大锯把大树解成木板；

截锯用于截断，锯开的两面是毛茬儿；

边锯用于去边，锯开的一面很光滑。

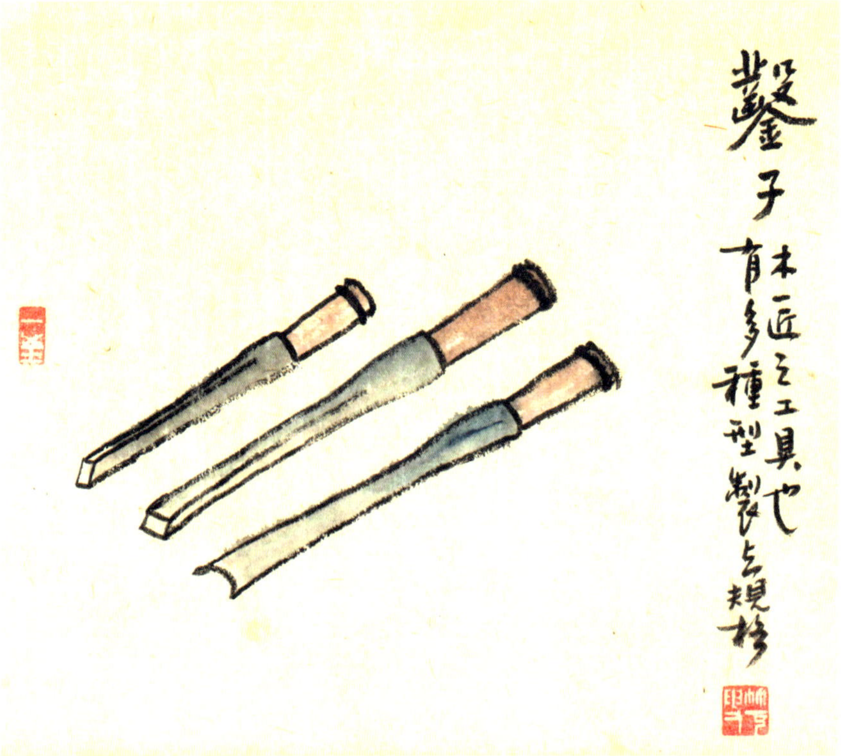

凿子

卯榫是木匠的工艺，卯就是凿出来的。

在老木匠的工具箱里，

能看到型号不同的平凿和圆凿。

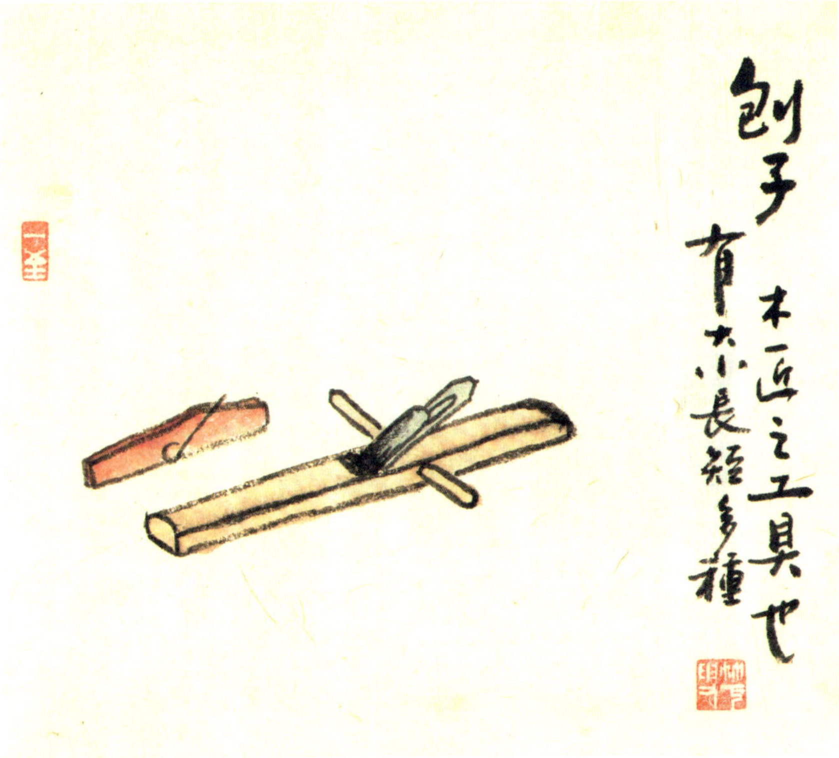

刨子

刨子的任务是刮平和刨光，不同形制有不同用途。

最小的是线刨子，

可以为家具刨出各种漂亮线条。

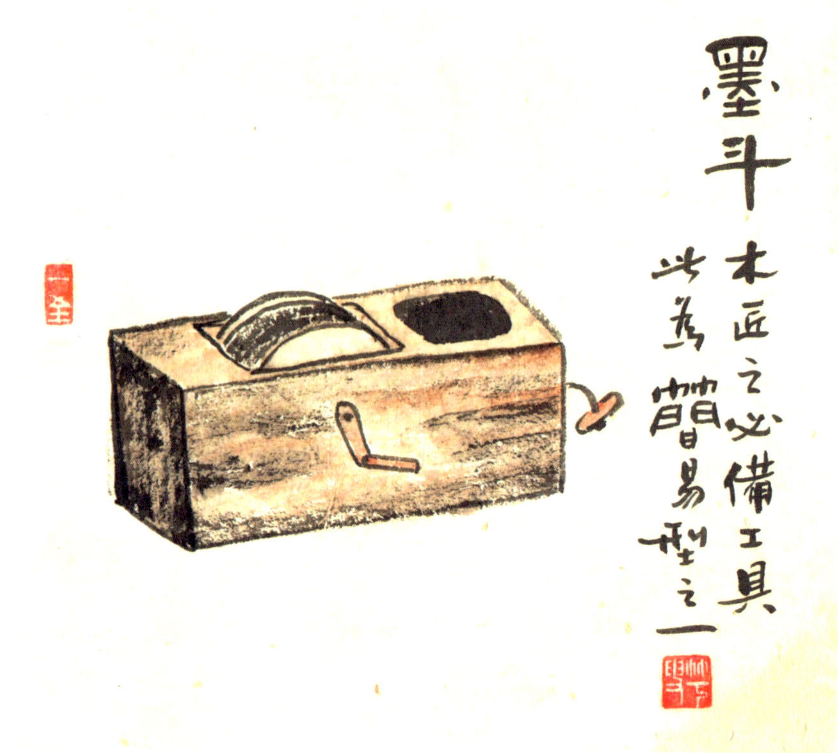

墨斗

墨斗为许多行业所用，但最多的使用者是木匠。
门窗的线条要直，台案的表面要平，
这一切，首先要归功于墨斗。

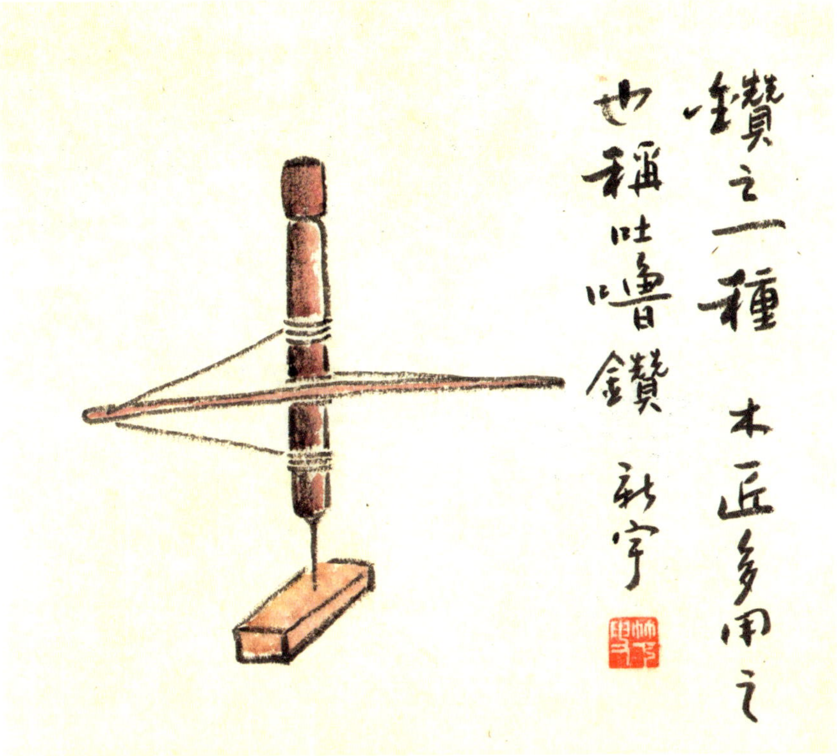

木工钻

如今的手艺人都用电钻。
过去木匠的钻，皮条拴，经久耐用，
主要是钻木头，但只要装上金刚钻头，
也可以钻铁、钻铜、钻瓷器。

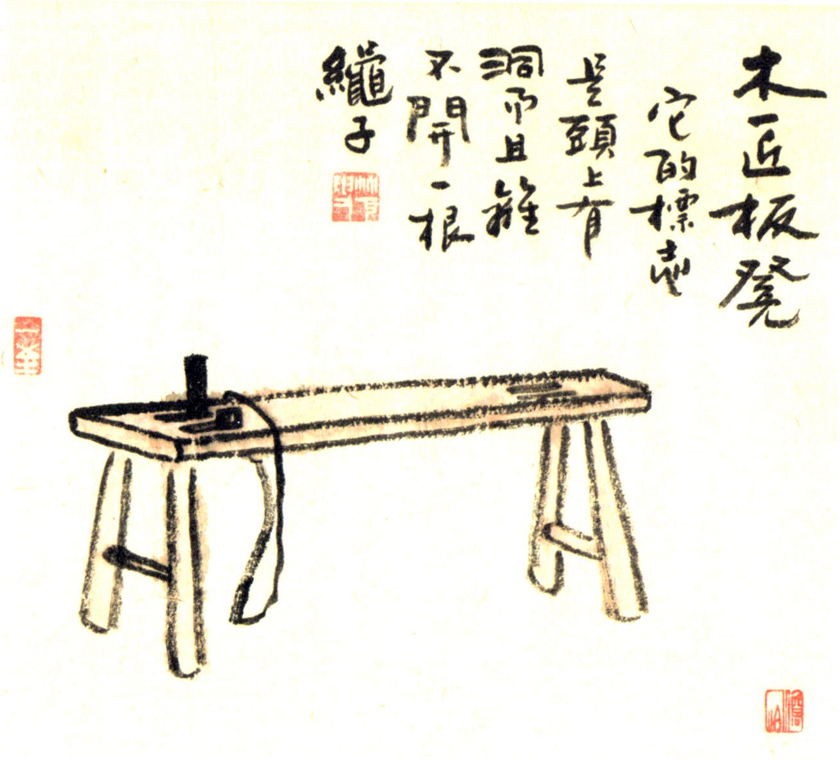

木匠板凳

木匠外出干活儿，不仅背着家伙斗子，还扛条板凳。

这条板凳不可替代，上面有几个洞，而且带着一根绳，

——都是固定木料用的。

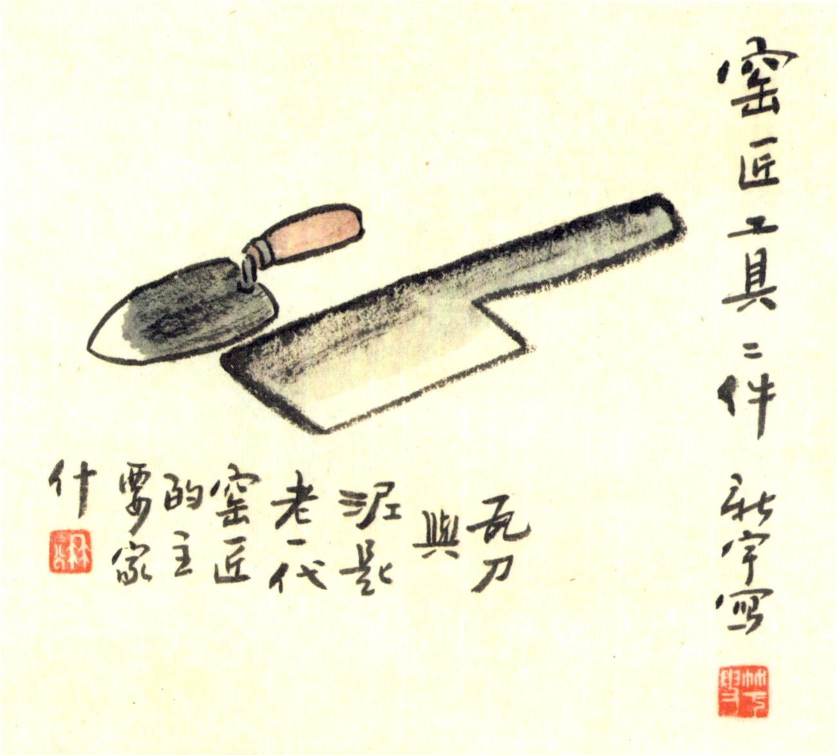

瓦刀与泥匙

把建房子的人称作窑匠，大概源自大西北，
因为那里住的是窑洞。
当过窑匠的朋友们，熟悉这两样家什吗？
这是我最初的记忆中主要的窑匠家什。

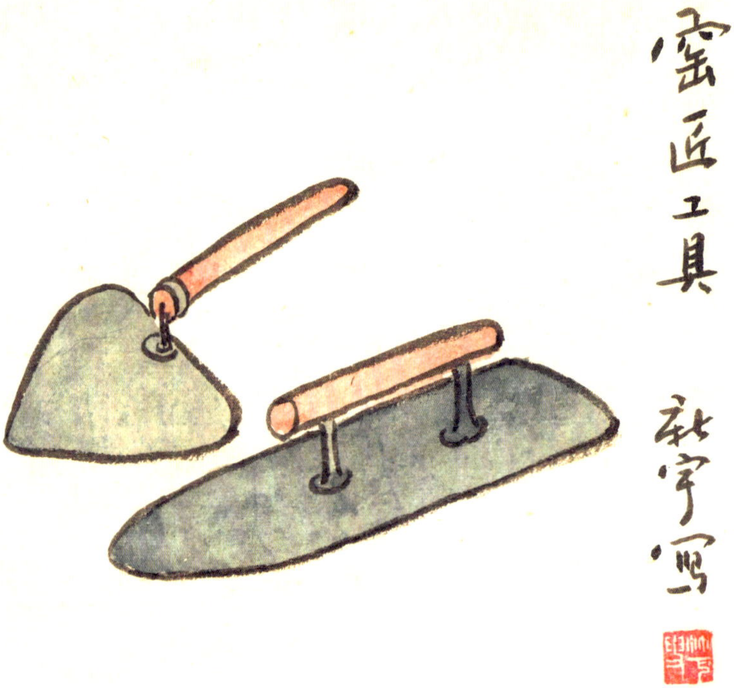

光板与甩子

青砖白缝的时代过去之后，
窑匠们开始用水泥，工具也随之更新，
这是用水泥砌墙的主要工具。

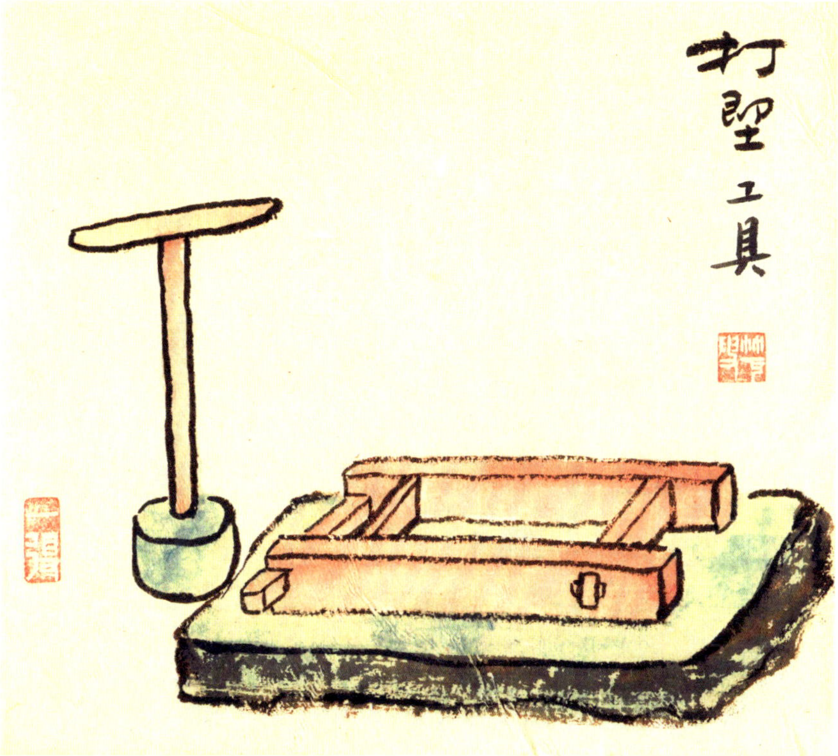

墼挂子与墼砘

过去农村人家穷，大部分人家住土房。

要盖土房先打墼，打墼要用墼挂子和墼砘。

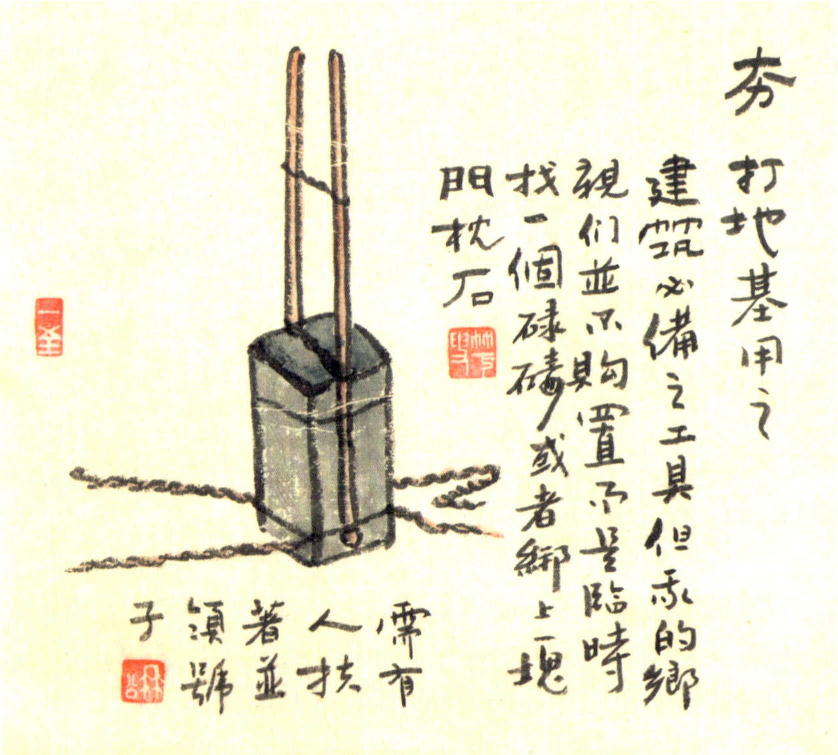

夯

打地基的夯分轻型和重型两种，
一般无须购置，
需要时找一个碌碡或者门枕石，
竖着绑起来，就可以喊起打夯号子。

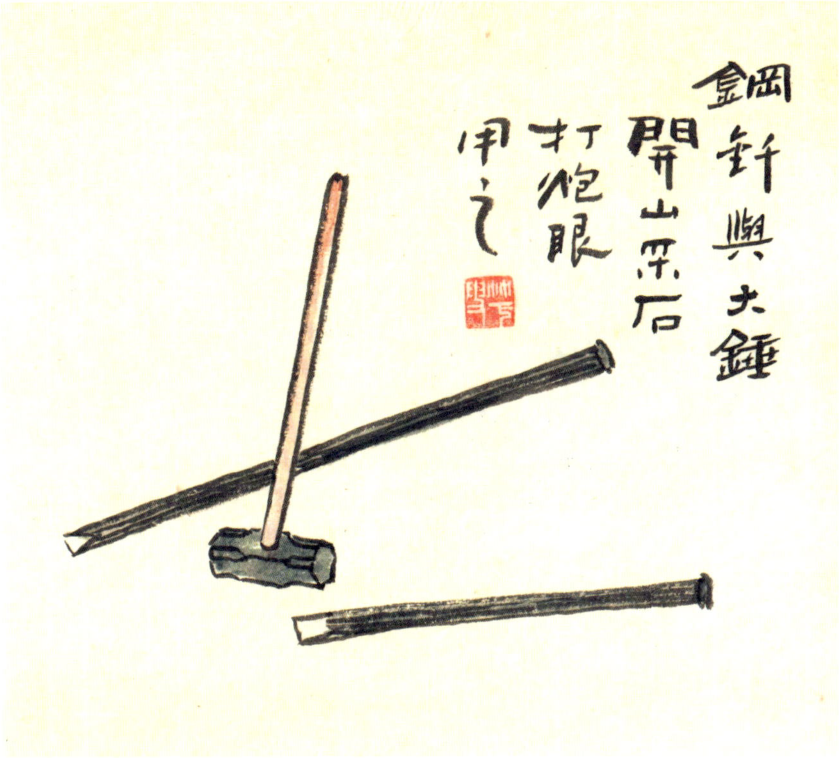

钎与锤

石匠的活儿很杂，工具也甚多。

从开山放炮采石头，到精雕细刻琢图案，工具自然不相同。

这里的钎和锤，是人工打炮眼儿的标配。

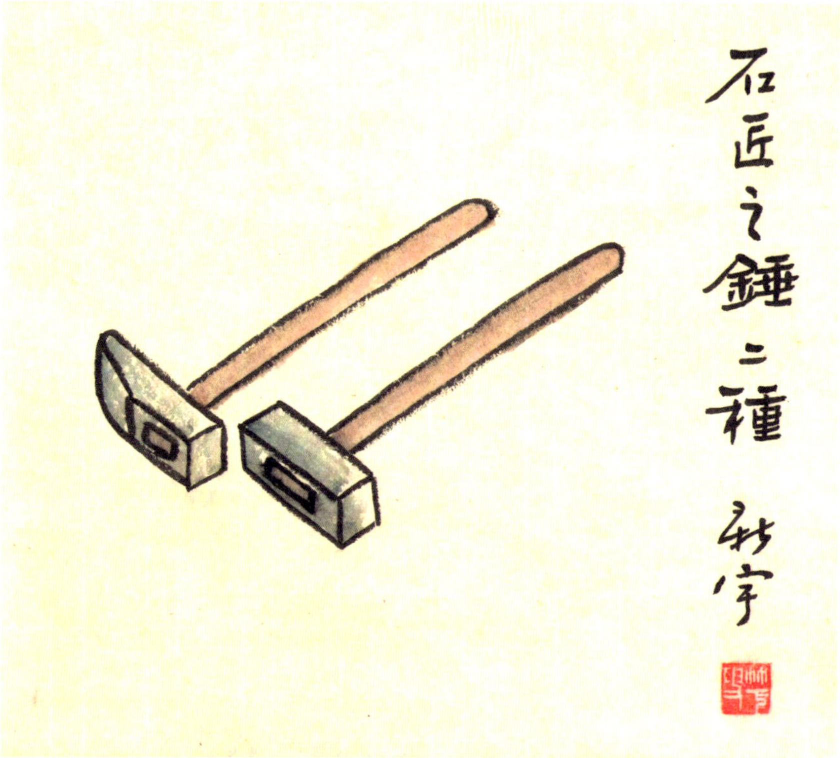

石匠锤

这两种锤子，是砌石头用的，
用于敲掉石头上的棱角。
这时的石匠，也是窑匠。

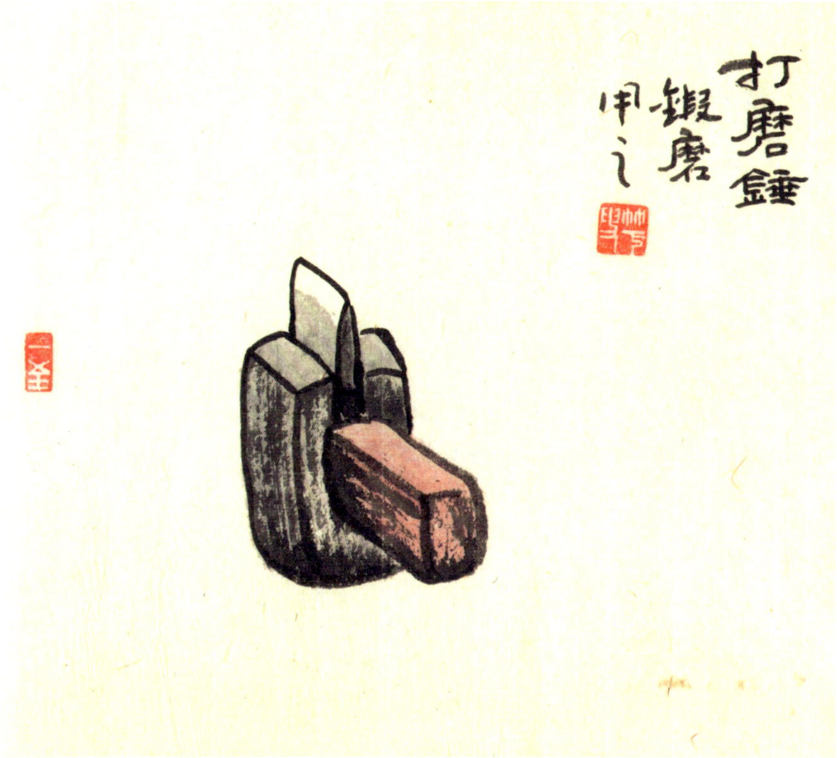

打磨锤

现在很难再找到它的身影。

它的形象是：锤很大，柄极短，锤上有缝，用于夹刀刃，

刀刃用于剁磨盘。

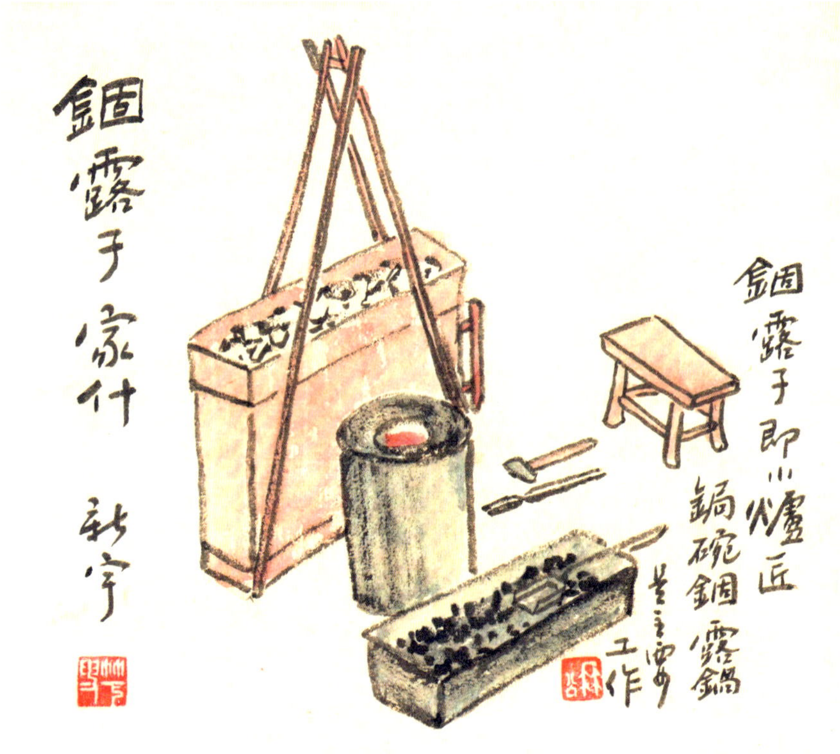

锢露子家什

锢露子也叫小炉匠。

锢露，是专门技术，主要是补锅、锔碗、锔盆等。

找到锅上的漏洞，探明大小，找一段合适的铜条或铅条，

穿进去，然后铆住，这就叫“锢露”。

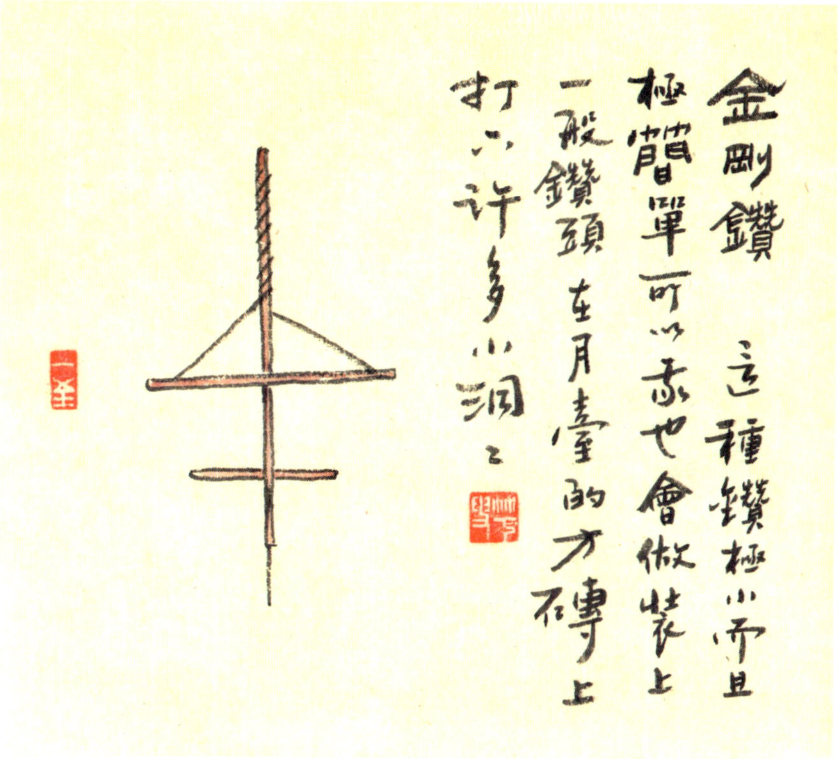

金刚钻

“没有金刚钻，不揽瓷器活儿。”
金刚钻头比小米粒小，如果不小心掉在地上，
锢露子就会把地上的土扫起来，用罗面的罗小心寻找。

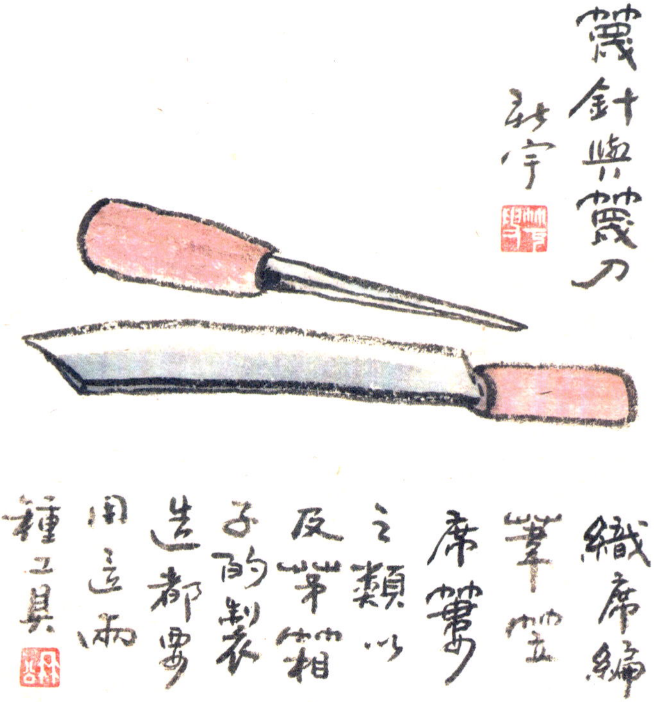

篾针与篾刀

它们是篾匠的主要工具，

篾刀用于劈和刮，篾针用于穿和引。

织席，编苇笠、席篓，要用它们签边；

缉茅箱，缉锅盖，每一扣都要用到它们。

油碾

油坊里的油碾，有一人多高，极笨重。
仅仅是把豆子压成豆扁儿，
也需要那么大的碾砣子。

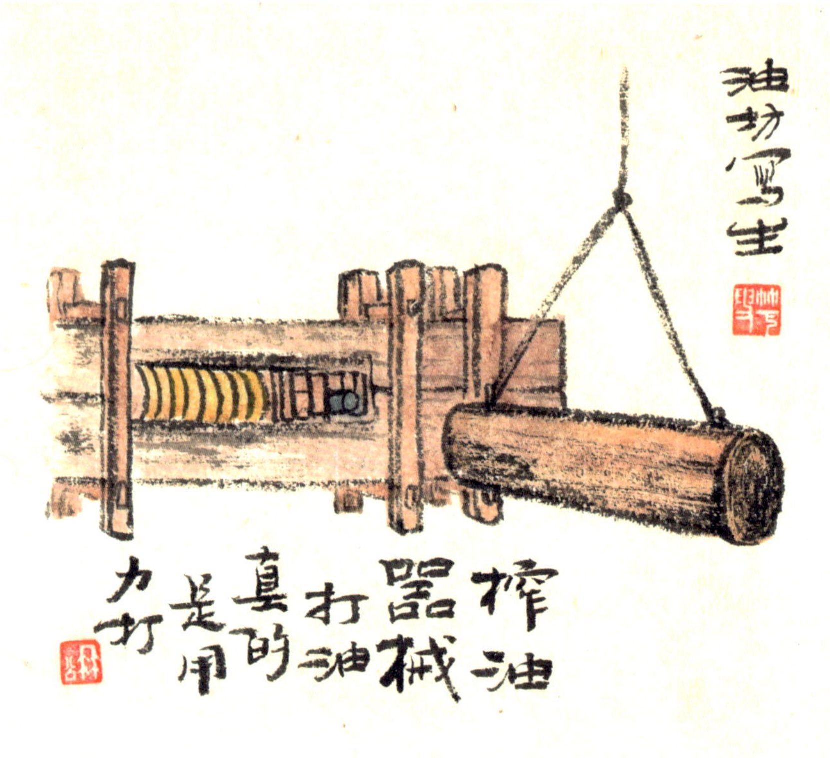

油榨

现在的人都说榨油，过去的人却说打油。

那时油真是打出来的——用一段很重的木桩，

撞击一个个木头橛子，把油压榨出来。

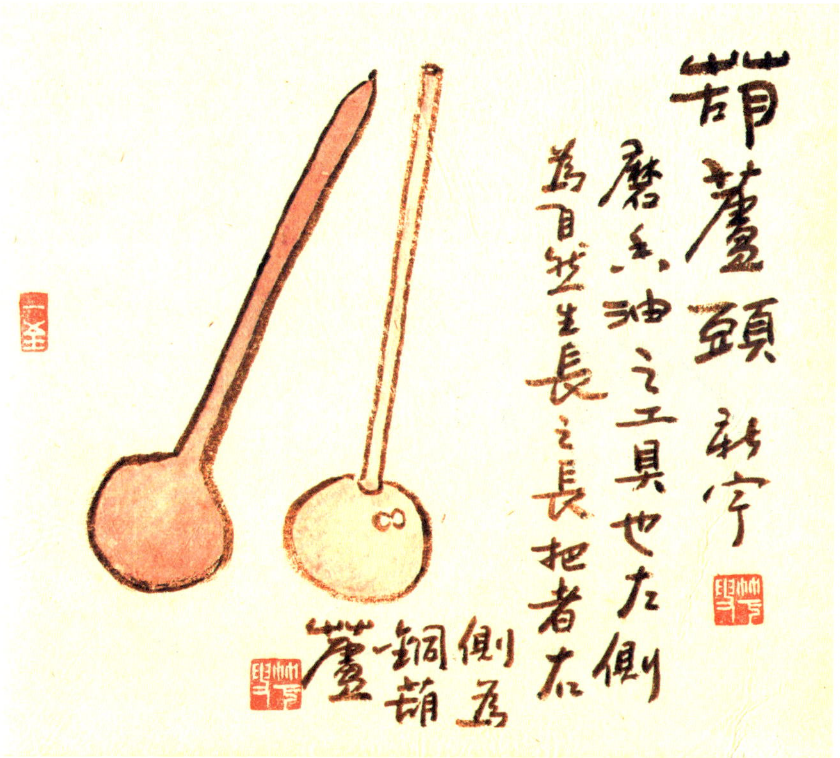

葫芦头

在我上小学的时候，如果哪个同学剃了光头，
大家就会去摸一摸，然后齐声唱：
“葫芦头，磨香油……”

漏瓢

粉坊用具，把用水和好的粉团放进漏瓢里，
一手端瓢，一手把粉团往下挤压，
粉团通过瓢上的小洞洞落进烧开的大锅里，粉条就做成了。

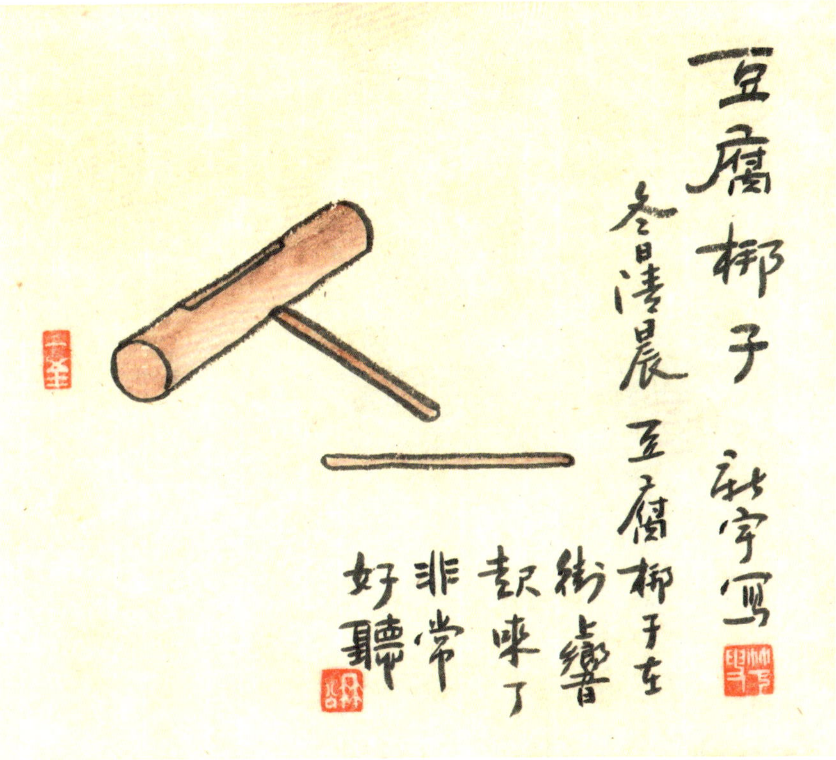

豆腐梆子

冬日，清晨，小村寂静，忽然，豆腐梆子响起来了。

人们纷纷从家中跑出，拿了大豆去换豆腐。

热豆腐蘸韭花酱，味道好极了。

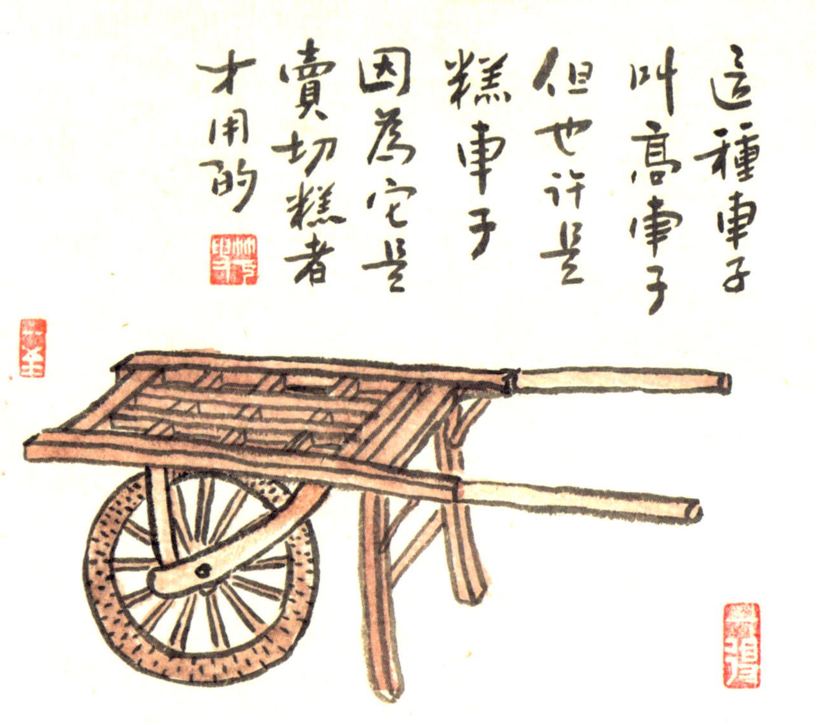

糕车子

糕车子实在是高，

所以我怀疑应该写为“高车子”。

不过，它确实是卖糕专用的，

记忆中的糕车子由刘殿魁推着，

他的背有点驼，嗓子有点哑。

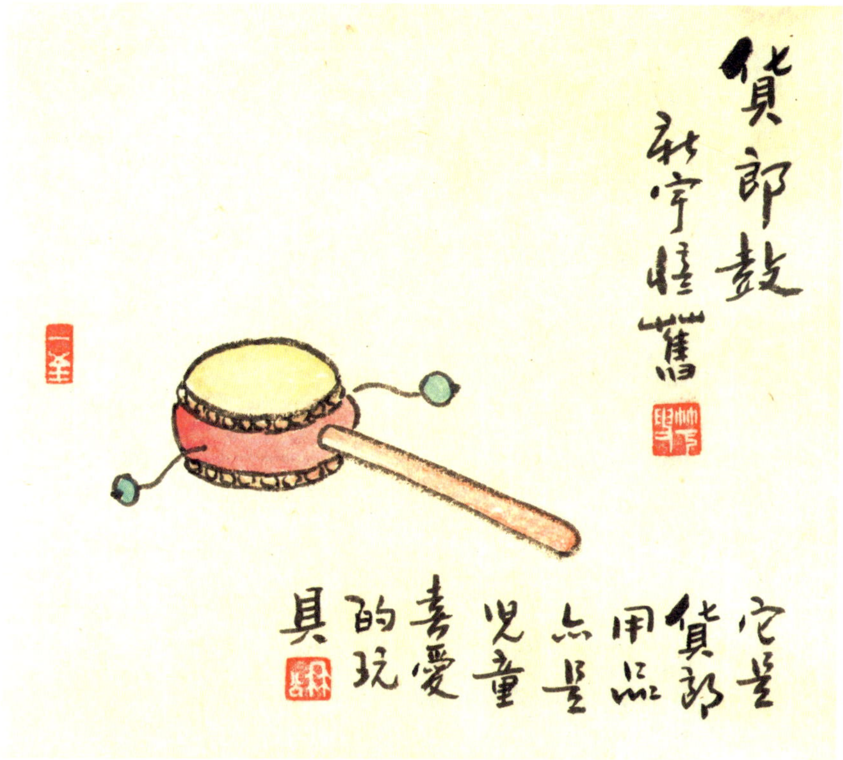

货郎鼓

货郎进村了，首先听到的是鼓声：
“布隆咚，布隆咚，布隆布隆布隆咚……”
货郎们的担子很轻，
里面只是针头线脑。

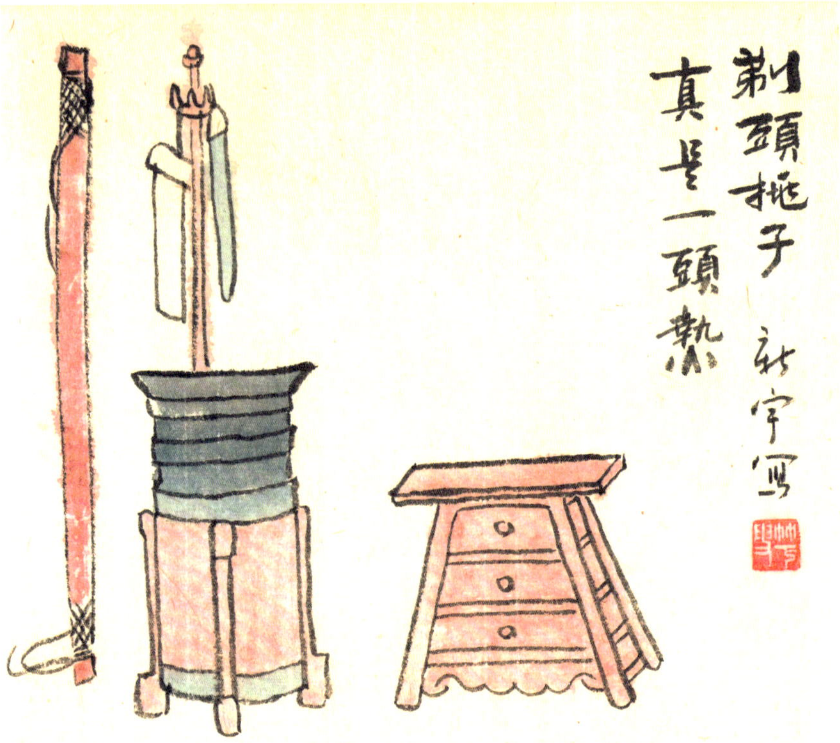

剃头挑子

“剃头挑子一头热。”这句俗语说的是事实：

剃头挑子一头是脸盆、热水和烧水的炉子，另一头是冷板凳。

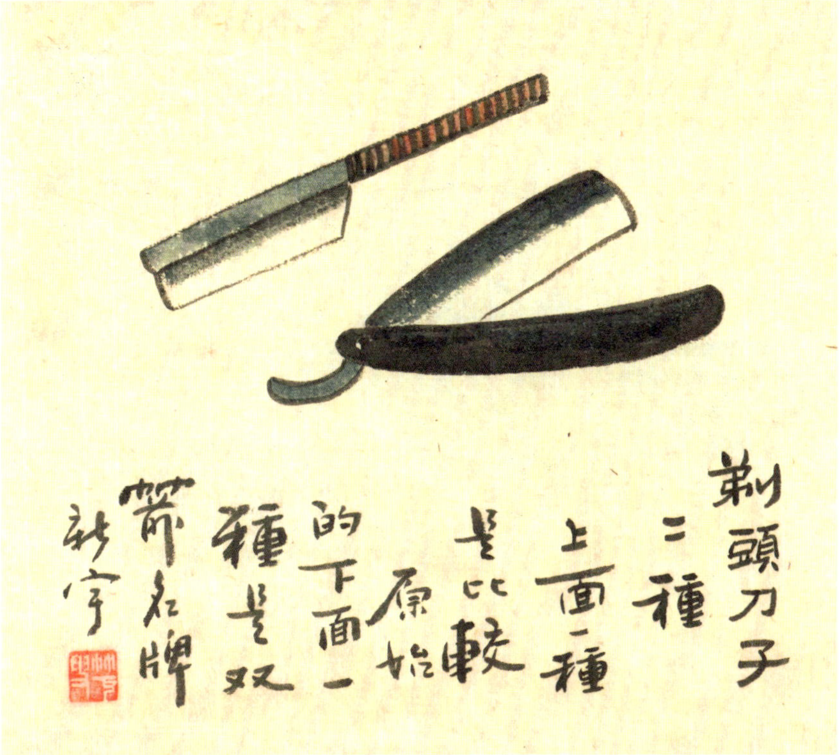

剃头刀子

这样的刀子，一别已经几十年。

会剃头的理发匠，应该有人健在吧？

是否还在用这种刀子？

药碾子

它是药铺里用的，有铜的，也有铁的。

人坐在凳子上，用脚蹬碾子碾碎药材。

现在，它已被小型粉碎机取代。

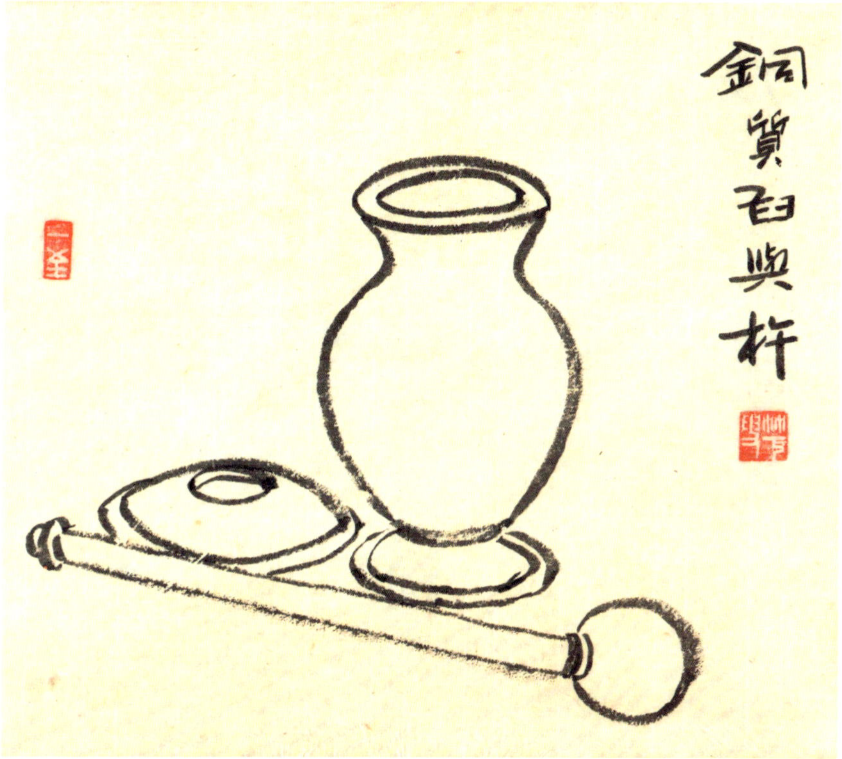

药臼子

白铜做的，很精致。

我们捣蒜时，蒜瓣儿常会蹦出来，需要用手捂着。

这种药臼子有盖，就解决了类似问题。

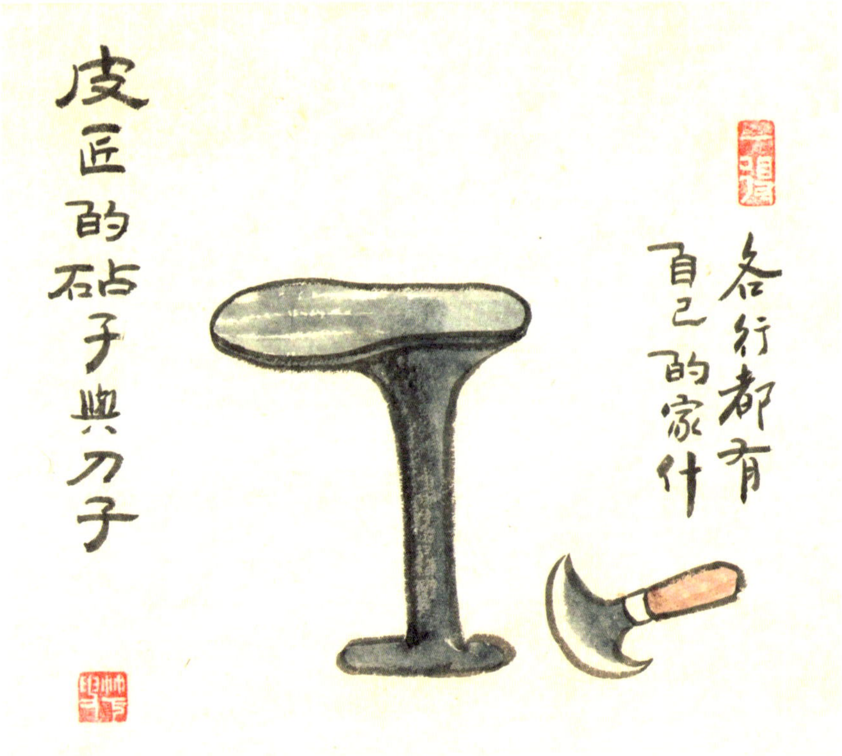

皮匠的砧子与刀子

同样是砧子，铁匠用的、小炉匠用的完全不相同。

皮匠的砧子更特别，像一只脚。

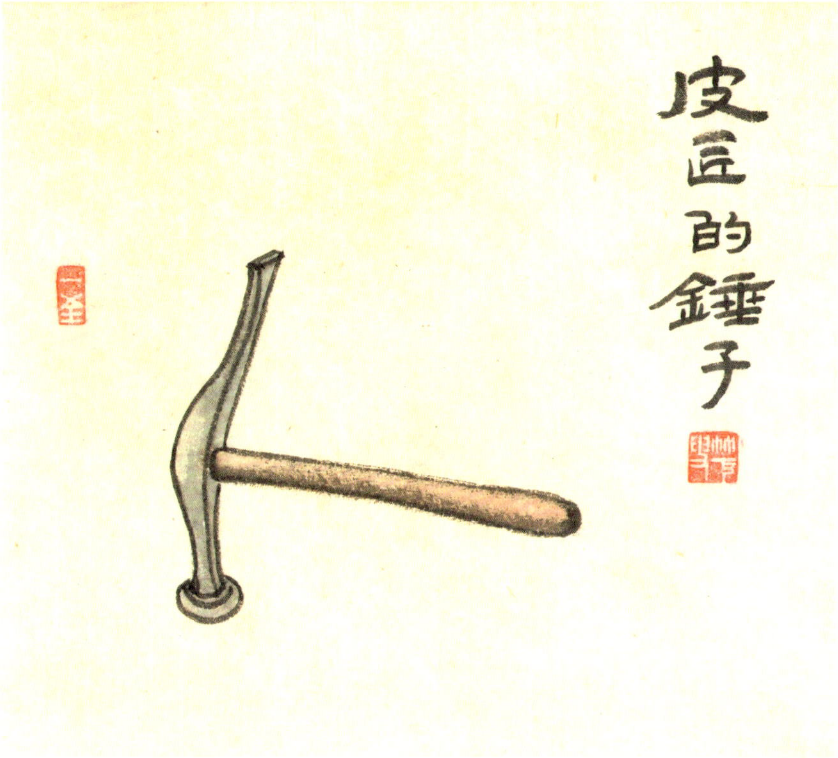

皮匠的锤子

皮匠锤子不一般，又细又长羊角弯。

鞋洞里最里面的几个钉子，它也够得着。

马掌师的工具

马掌师的主要工具是一个铲和一把镰刀，
先把马蹄切平，再把马蹄铁钉上去。
查理三世曾因战马的马蹄上一颗钉子没钉牢而亡国。

赊小鸡的大鸡笼

春季里，挑了小鸡来，这家三五只，那家七八只，
到冬季才来收钱，没听说哪村有赖账的。
古老的民风，曾经不乏诚和信。

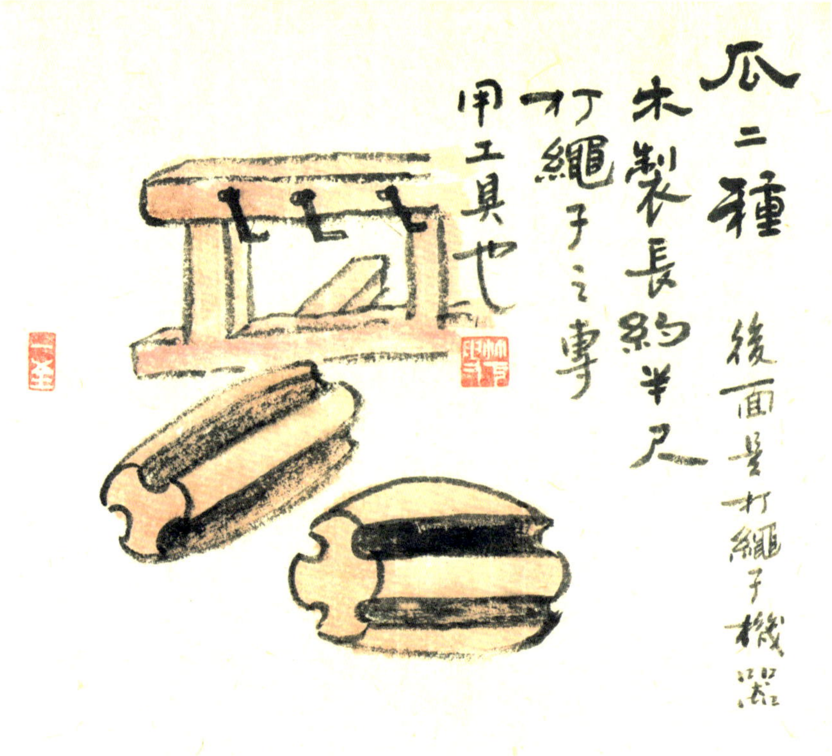

打绳子的瓜

这两个瓜，一个用于打三股绳，一个用于打四股绳。

加上后面那个架子，

是打绳子的主要工具。

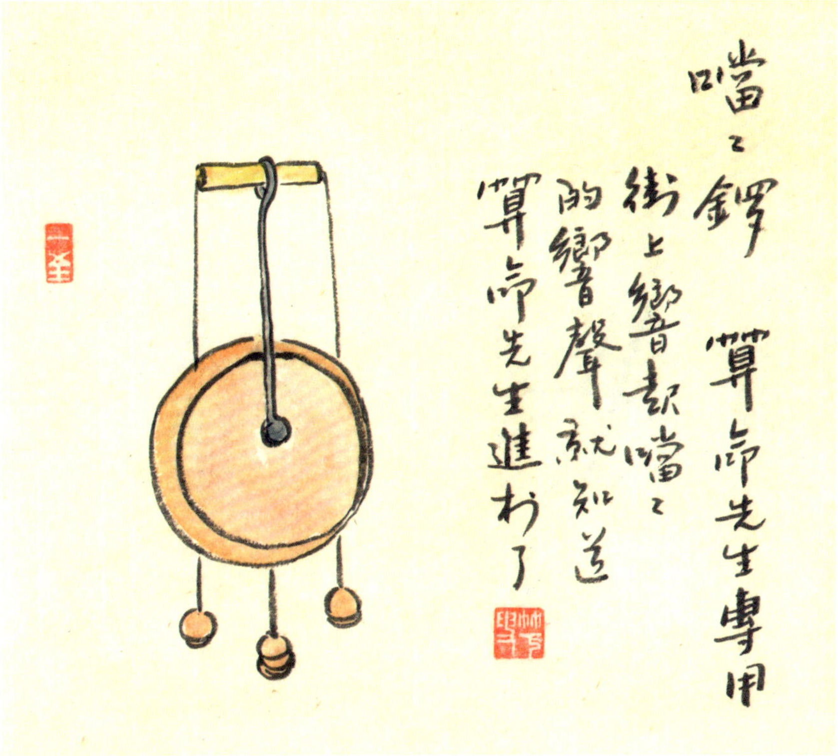

铛铛锣

这种锣是算命先生用的，
敲锣的锤子是固定的，丢不了，
想敲只需一悠荡。

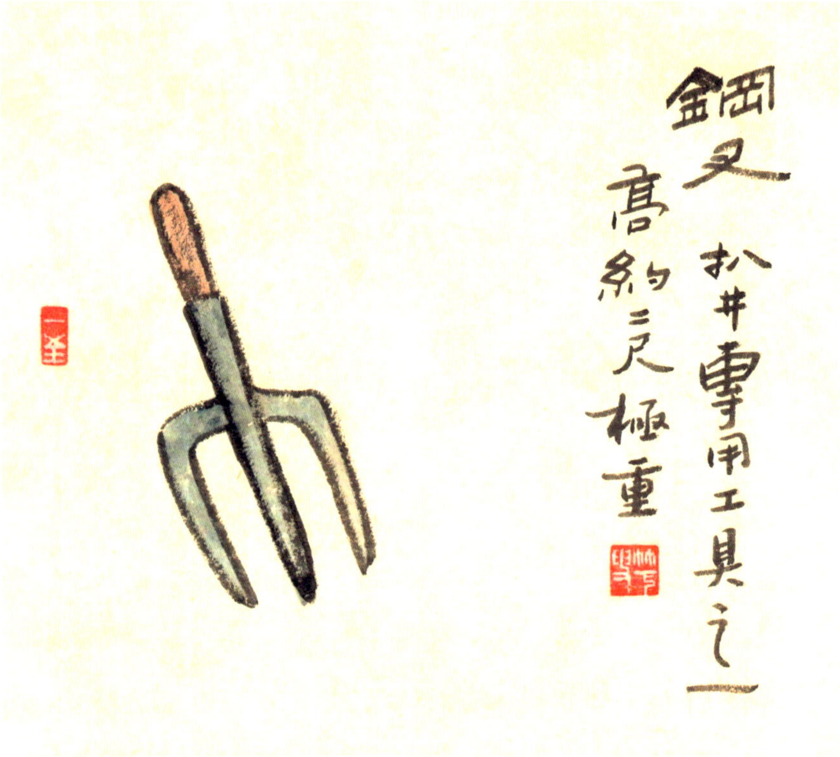

钢叉

掘井见了水，就需改用钢叉挖，家乡叫“扒”。

钢叉高二尺，分量极重，两手提起，一松手可入土半尺，才能把硬泥掘起来。

泥巴捧进筲桶里，辘轳绞上去，如此往复，待到水深齐腰，井就扒成了。

第三辑

衣食用品

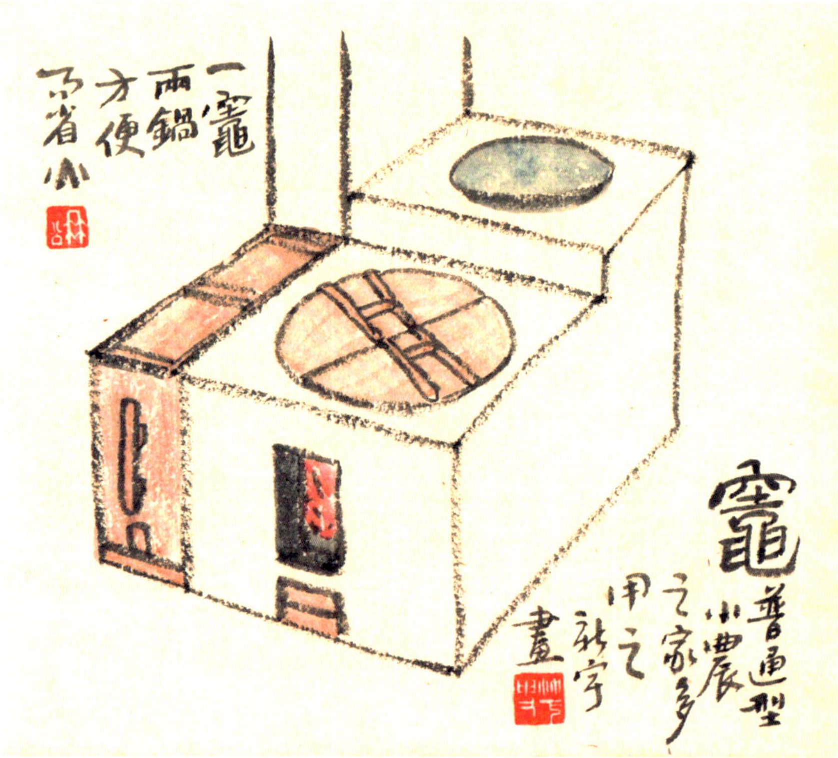

灶

这是中原一带最常见的类型，一灶两锅，一大一小，
前锅炖南瓜炟上饼子，后锅的汤也同时烧好。
配有风箱，可以烧各种燃料，从庄稼秸秆，到树叶和草根。
看到灶门下的两块砖了吗？风箱可以用，也可以不用。

老君炉

它是炉，也是灶，泥巴做的，规格可大可小。

上面可以是铁锅、砂锅，也可以是酒坛、茶壶。

烟囱不用时可以拿掉，

它的最大好处是省柴火。

小泥炉

“绿蚁新醅酒，红泥小火炉”讲的是文人的雅致。而过去乡人自制的小火炉虽粗糙，却很实用，也有青、红二种，可烧水，亦可炒菜。

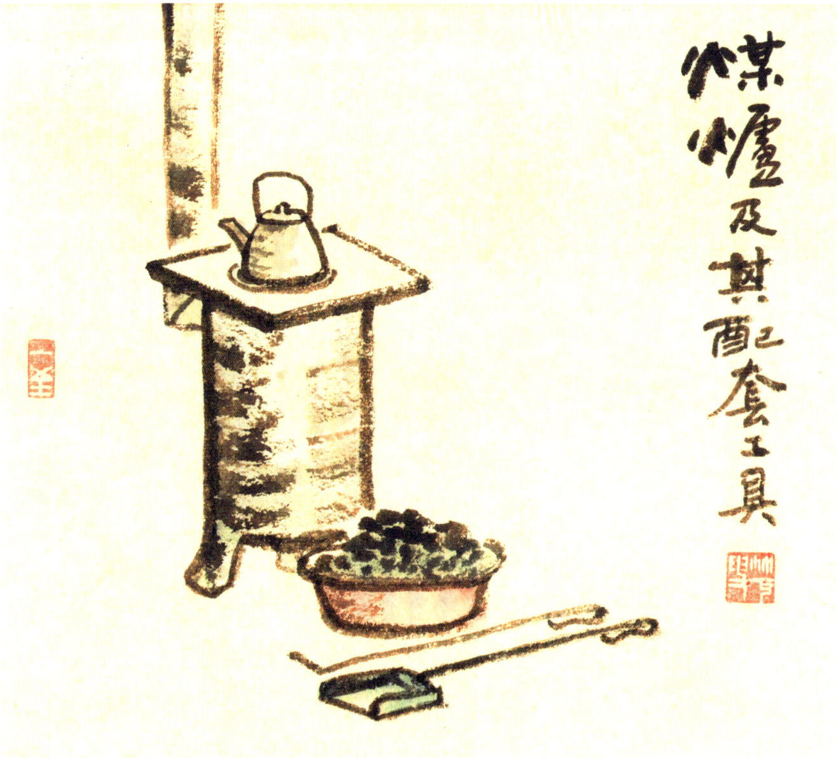

生铁煤炉

生铁铸的，烧煤。

配套的是铁皮烟囱，一个盛煤的盆子或簸箕，

一个填煤的铲子，一个捅炉灰的钩子。

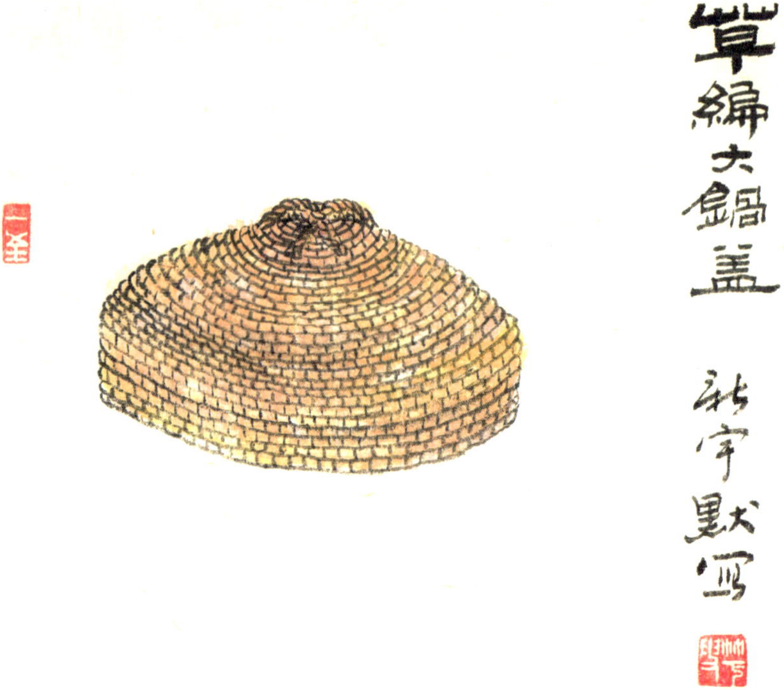

草编大锅盖

我们叫它“拍盖子”。拍，故乡人读作 pěi。

缉拍盖子很费工，要用篾针，一针一针把一堆麦秸弄成这个样子。

干这活儿一般是在冬天，而且是在潮湿的窨子里，

麦秸和席篾可以保持绵软。

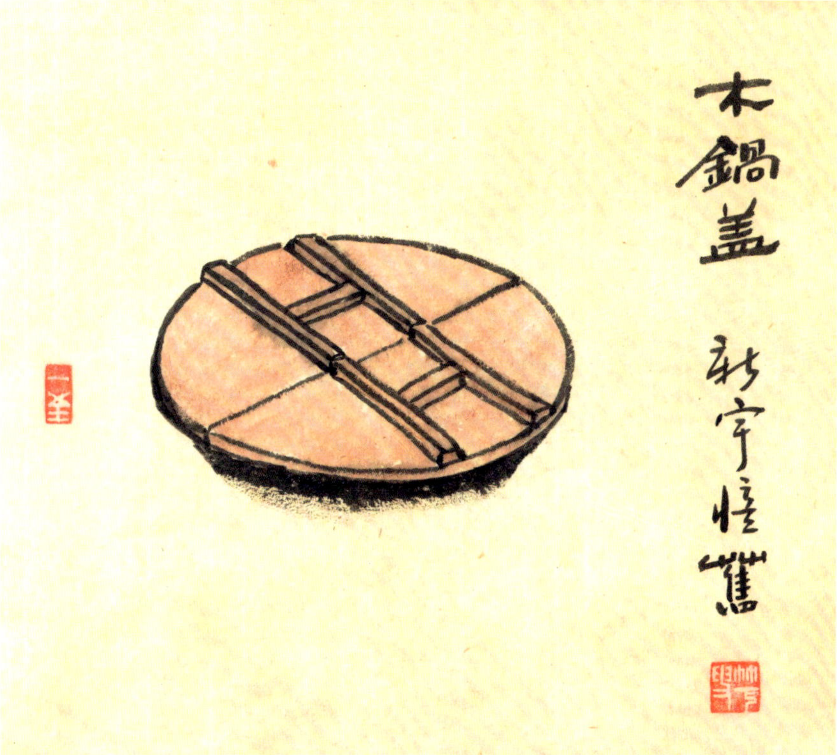

平锅盖

草编的大锅盖用于蒸食物，比如蒸馒头、包子、窝窝头。烧汤、煮稀饭，或者煮地瓜、烀饼子，用木板做的平锅盖。它用起来更轻便，所以一般人家都有两种锅盖。

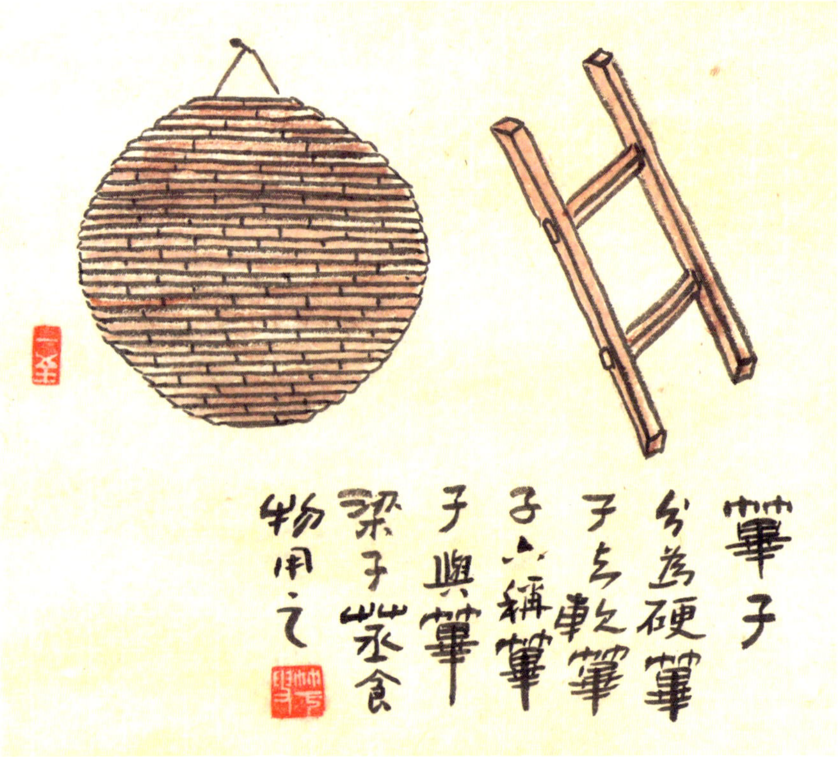

软箅子与硬箅子

软箅子和硬箅子，也叫箅子和箅梁子。
箅梁子是木头做成的，用于支撑；
软箅子用高粱秸秆做成，很光滑，
蒸馒头，蒸包子，蒸花卷，都无须用笼布。

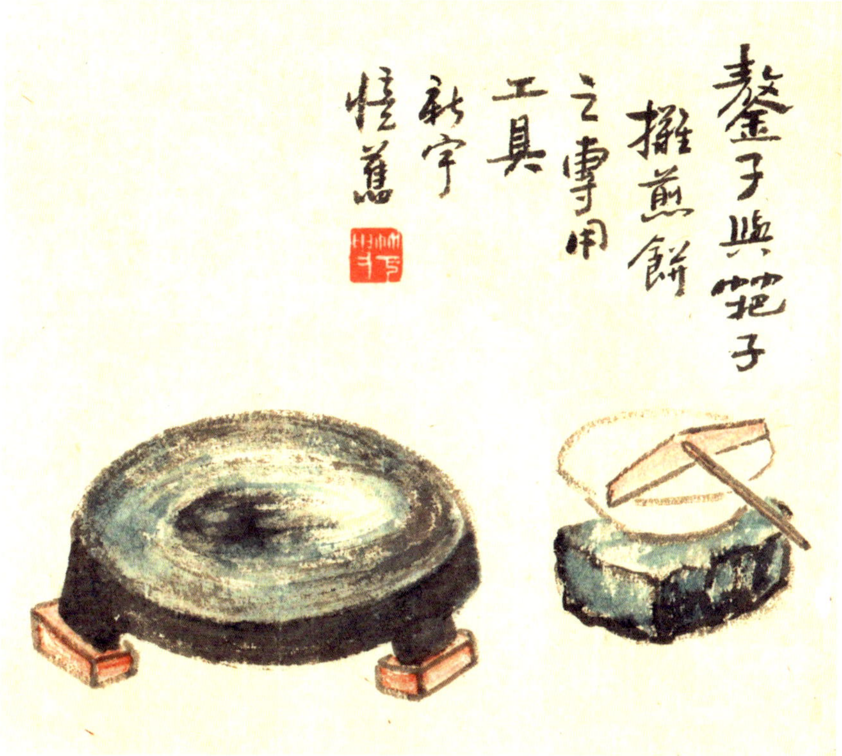

鏊子与煎饼筢子

鏊子是生铁铸成的，一般的厨房里都有两个，一大一小，并排而立。

小的用于烙油饼、单饼、韭菜饼，大的用于摊煎饼。

摊煎饼要用煎饼筢子，

筢子头儿是一块薄木板，把儿就是一根筷子。

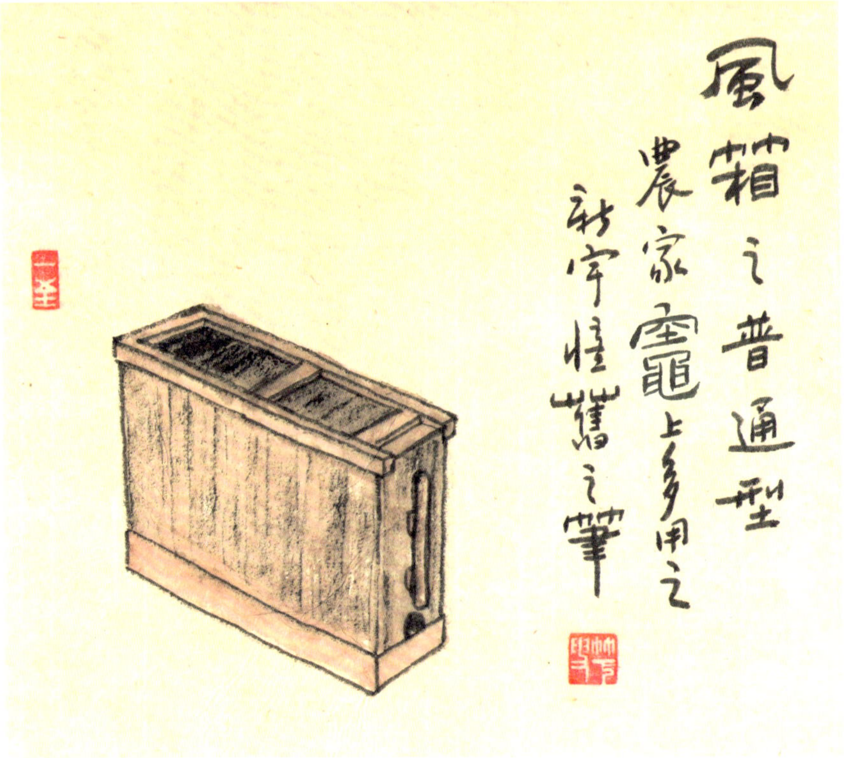

风箱

好柴火并非常常有，有了也舍不得常常烧，

所以烧沟底搂来的杂草，树下扫来的落叶，地里收来的谷茬……

都需要拉风匣。

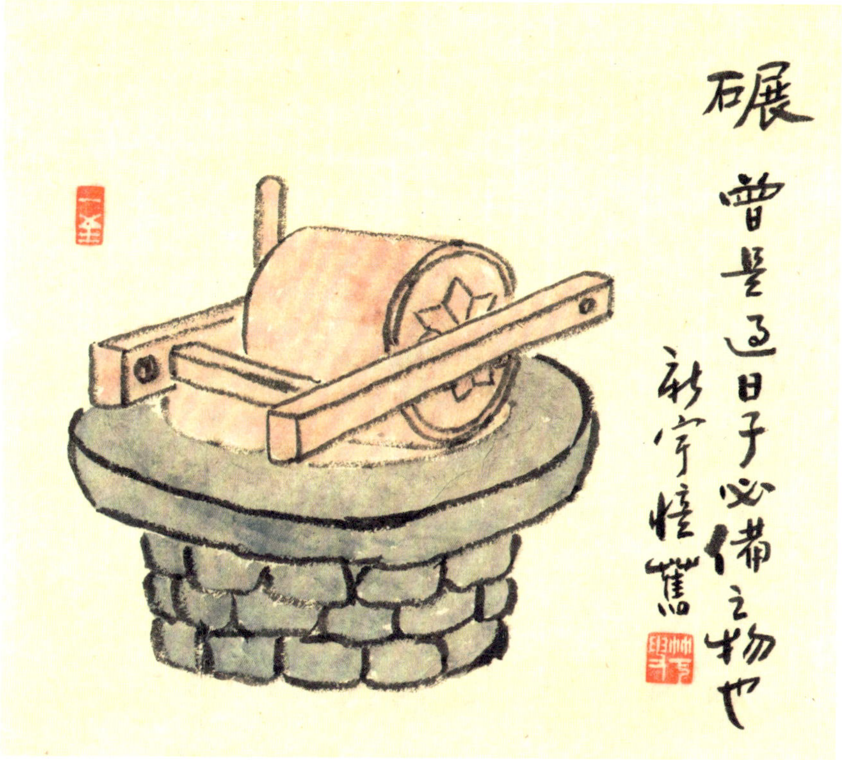

碾

现在在招徕游客的“农家院”还能见到它，

而在几十年前，农村家家户户要三天两头推碾子磨面。

干这活儿一般是女人或半大孩子们，那个年代的女人们，真是受苦了！

磨

要把麦子变成面粉，虽然也可以用碾，但肯定不如磨。

自从有了电磨，

它就逐渐退出了历史舞台。

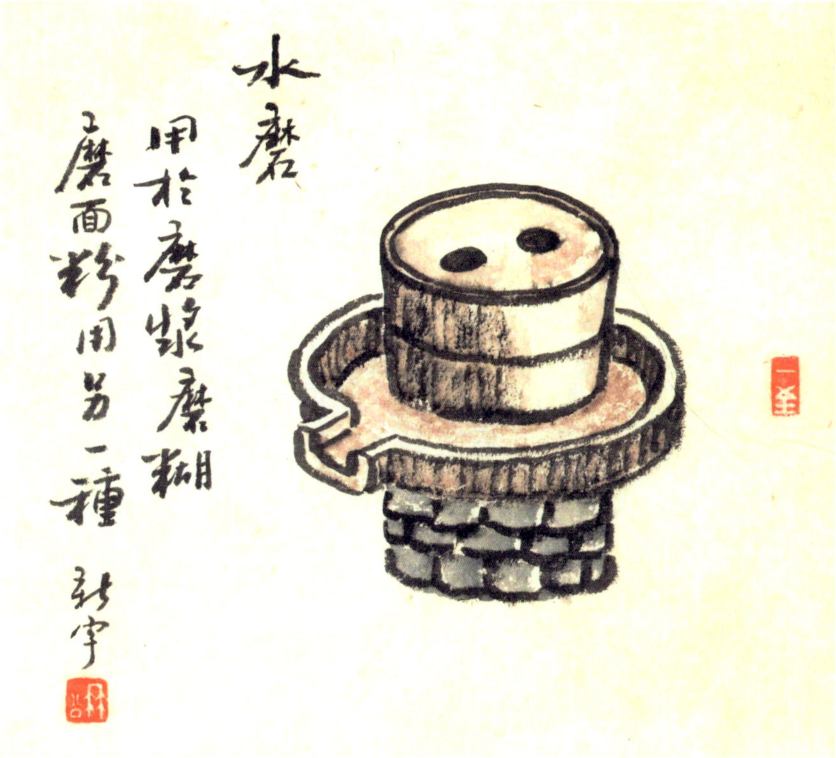

水磨子

故乡主食是煎饼，摊煎饼需要的不是面粉，而是磨糊。
把玉米和地瓜干上碾压碎，泡在大盆里，
泡透之后上水磨子推，就变成了摊煎饼用的磨糊。

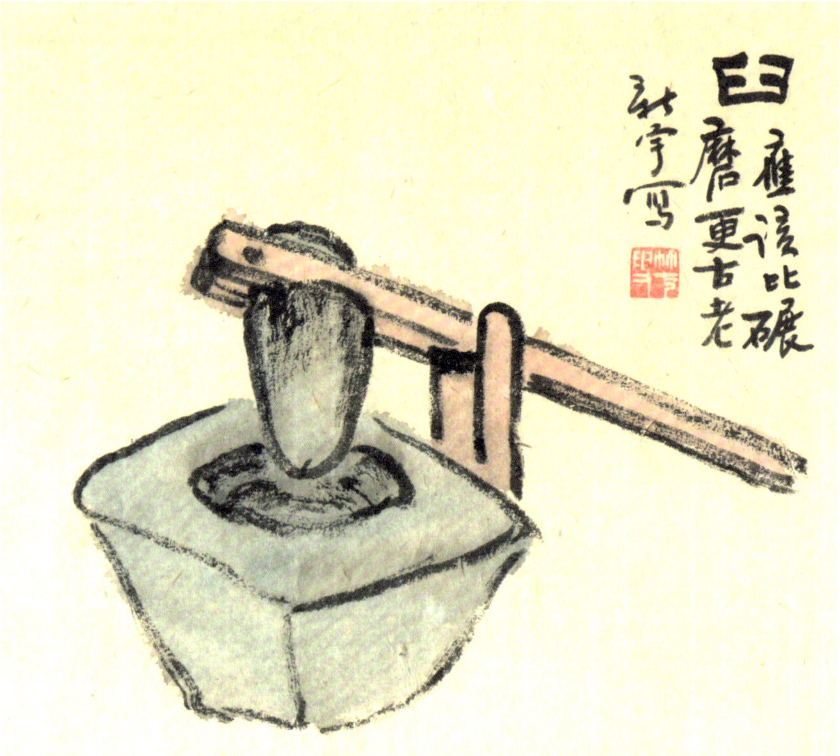

碓臼

它应该比碾磨更古老，叫碓臼，
一般用来舂数量不大的糙米、杂粮等。
在一个自然村，一般就一个碓臼。

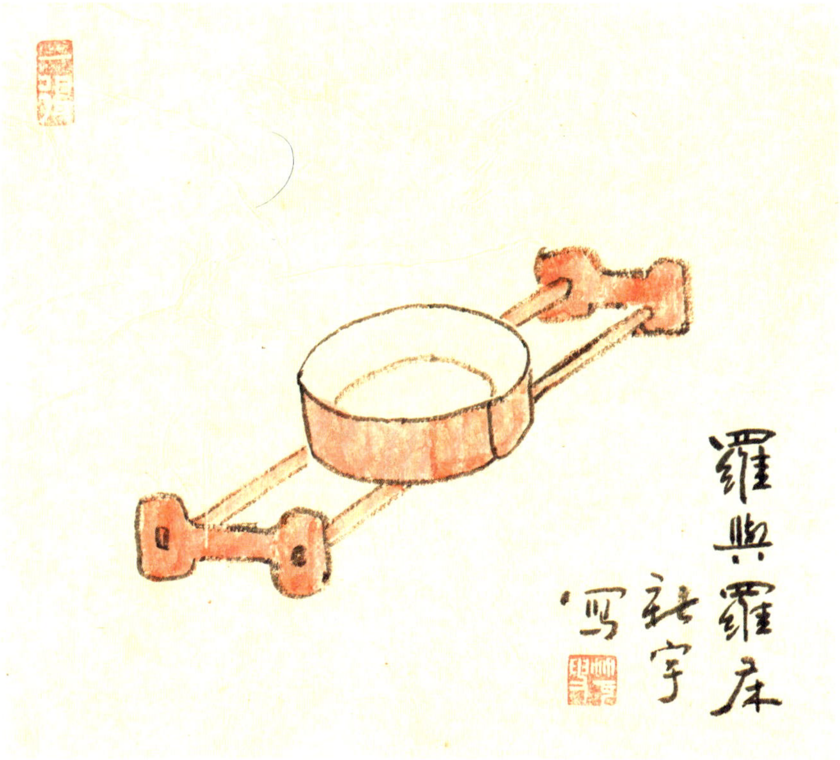

罗与罗床

“打罗罗，打罗罗，罗了面来蒸馍馍。哥一个，弟一个，给你姐姐留一个。”这首哄孩子时唱的童谣，说的是罗面。打罗，是把罗床放在笸箩里进行的。

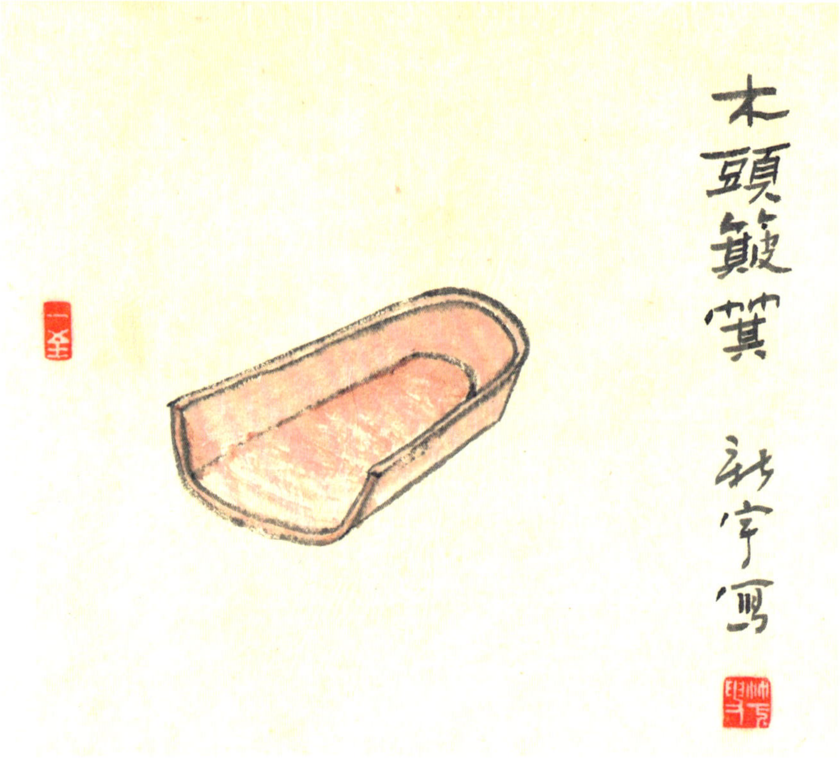

木簸箕

这是我小时候一种木头做的簸箕。
不大，精致而光滑，
孩子们都喜欢光屁股坐在里面，
但它是用来盛面粉的，所以不被允许。

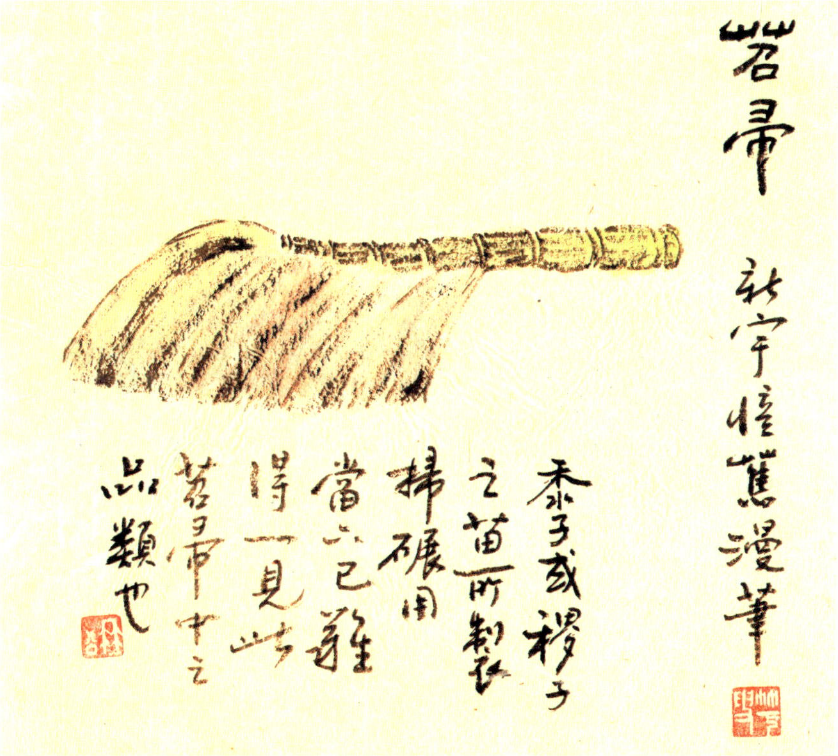

笤帚

这种笤帚已经很少见，

它是用脱粒后的黍子苗做的，用于扫碾、扫磨、扫炕等，

现在已被塑料笤帚代替了。

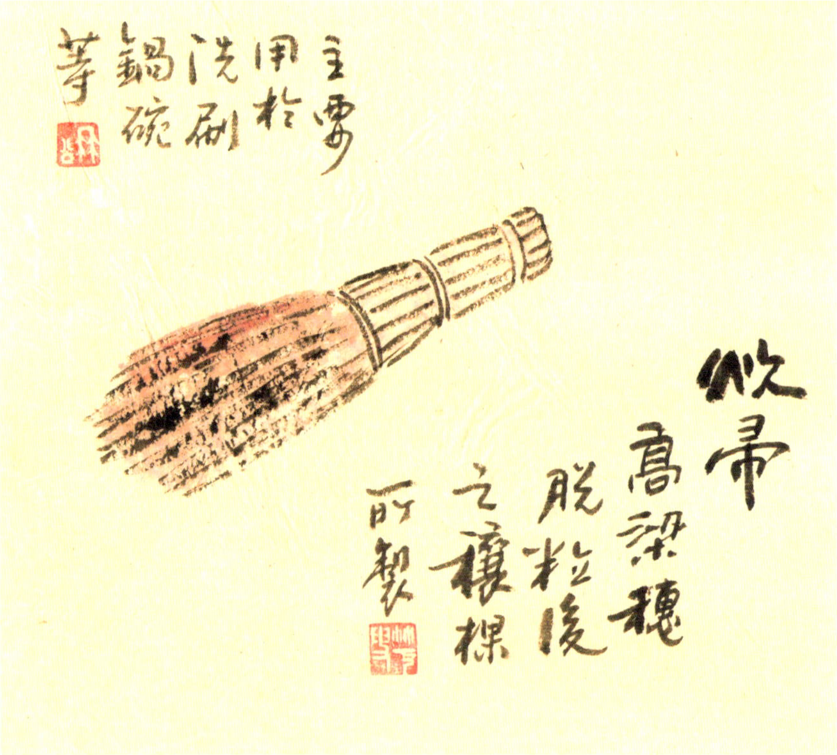

炊帚

高粱穗扦下来，脱粒后就成了穰棵子。

穰棵子可以当柴烧，还可以缚炊帚。

用一个“T”型缚弓子拴上绳缚。

水缸、水桶与水瓢

水缸、水桶和水瓢，现在全都没用了。
可是，院子里有口井，窗下有口大水缸，
仍然是我的梦。

水桶与担杖

一根担杖两个桶，是挑水用的。

担杖不是扁担，家乡的扁担不带钩。

水桶最先是木头的，后来是白铁的。

辘轳与井

辘轳有多种式样，也有多种类型。

这一种是固定的，全村共用，

装个辘轳，打水者不必带井绳。

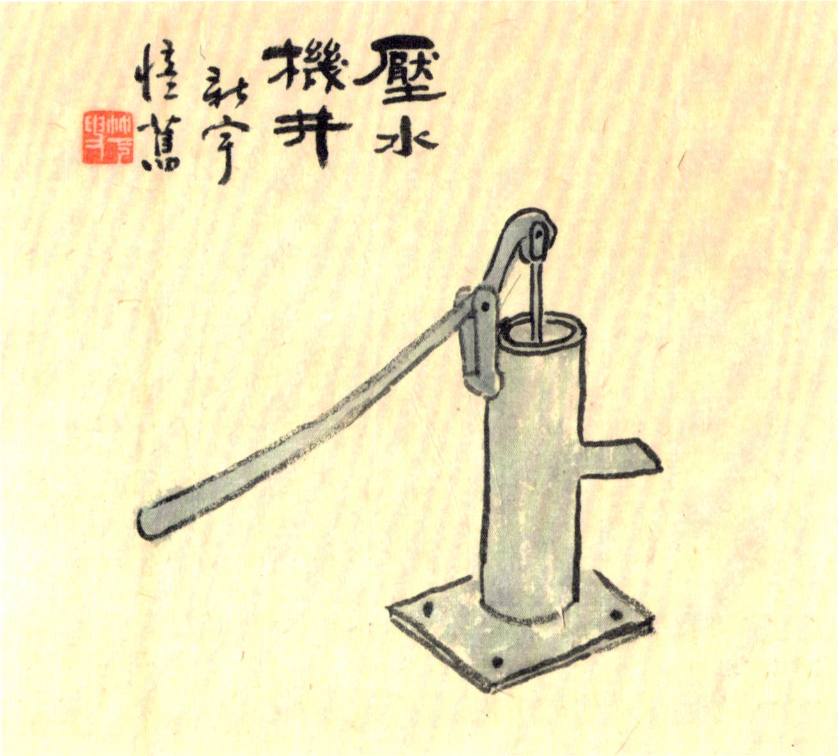

压水机井

它是取水机械化的第一步，
自从用上它，
没有人再因打水而掉到井里，
吃水的井里也不再有人跳下去。

筐子

这种筐子，也叫篮子，是用树条子编的，不值钱。

家家户户有，而且不止一个。

它的用途极广：去园里摘瓜、摘果，

到地里掰棒子、挖野菜……

挎个筐子最方便。

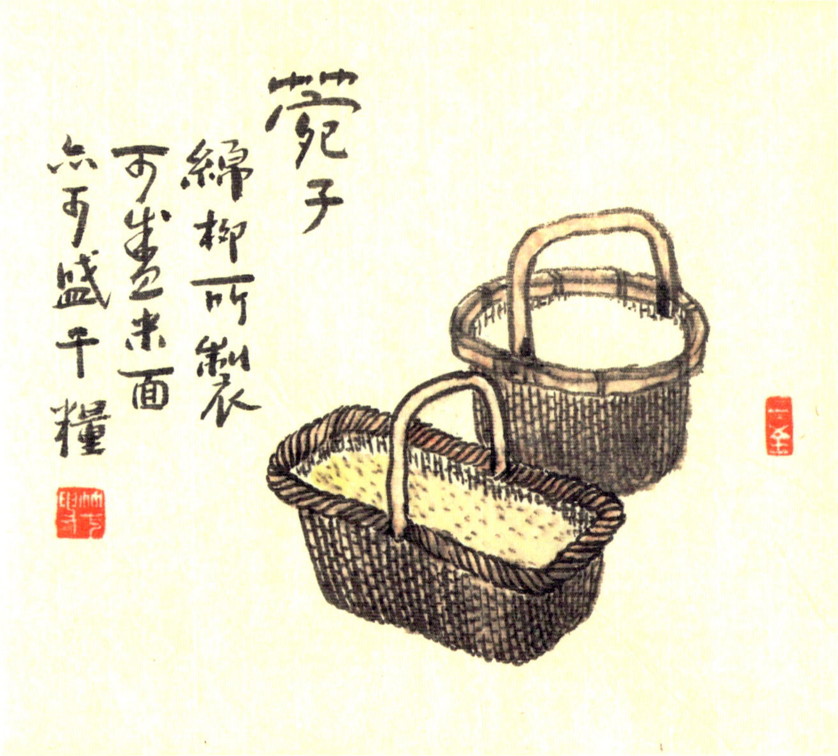

箢（yuān）子

用途与筐子大致相同，但如果盛小米或白面，筐子就不行了。

“竹篮打水一场空”，好箢子却不漏水。

过去走亲戚一般是提包袱或挎箢子，

新娘子回娘家，也是两个大箢子，上面盖上红包袱皮。

竹篮子

竹篮子来自南方，不像北方的条子筐那样粗糙。

过年看亲戚，把点心和烧饼装在条子筐里，会显得很寒碜。

装进竹篮子，上面盖上白毛巾，就显得比较体面。

竹篮子吊在房梁上，里面常有好吃的。

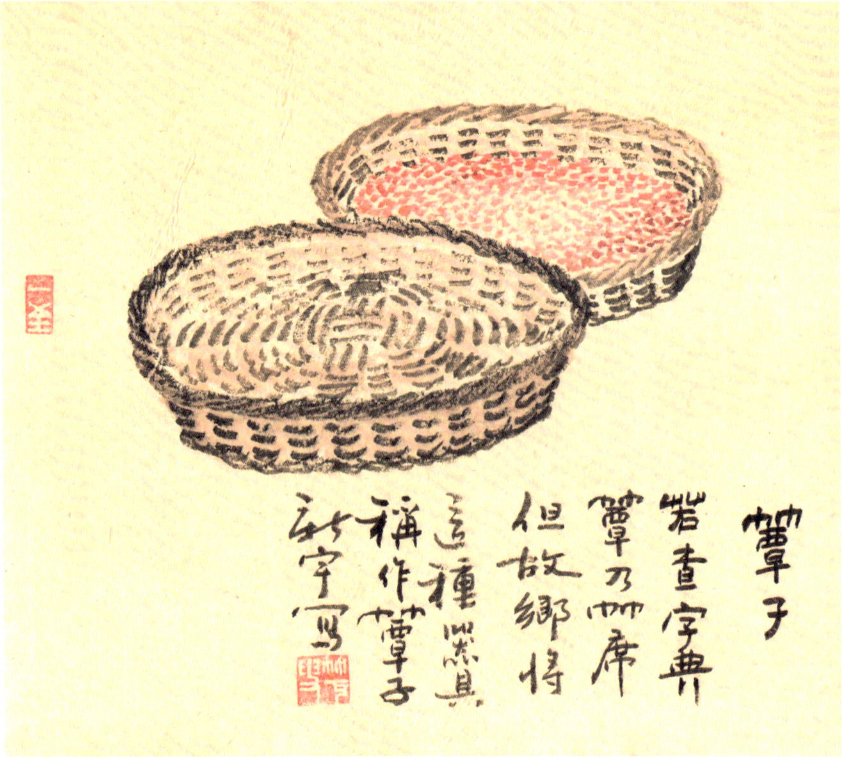

簟（diàn）子

在我的家乡，“簟子”是这物件，

它的用途之一是晒东西，晒大枣、晒栗子、晒蘑菇；

它的用途之二是盛东西，包好的水饺，刚出锅的馒头，摊好的煎饼。

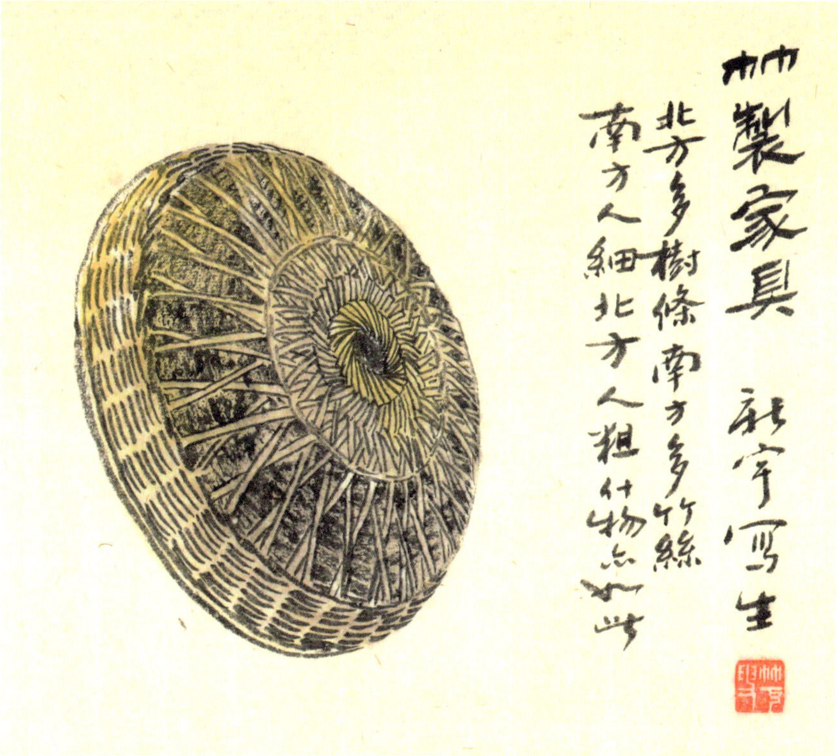

竹簟子

簟子与篮子一样有两种，一是树条子编的，二是竹丝编的，
前者粗糙，后者细密。
竹簟子可以盛细小的东西，比如晒枸杞、花椒。

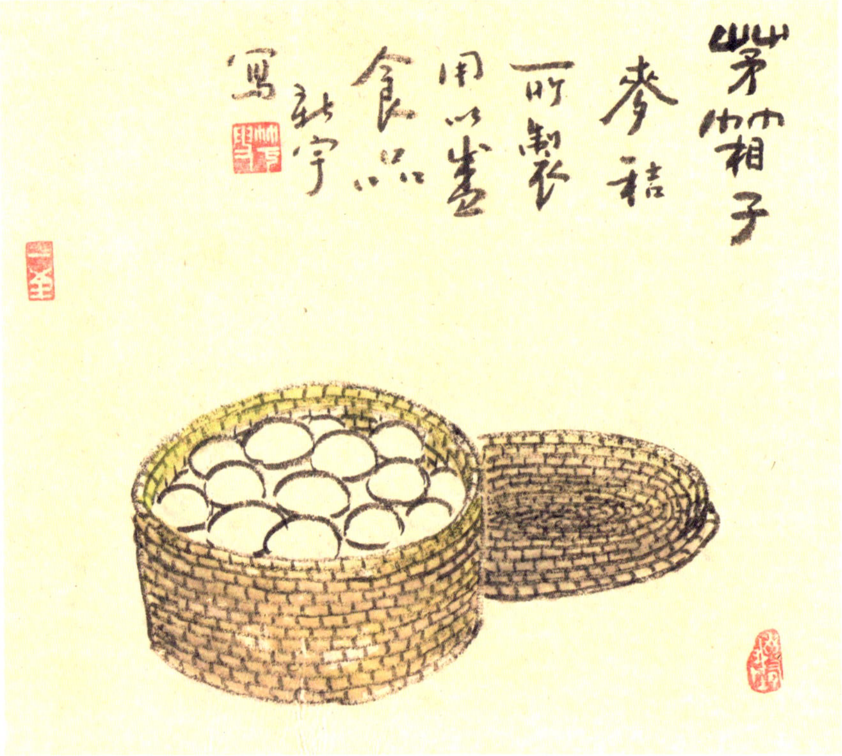

茅箱

它是茅草做的，有盖子，可防尘、防虫、防老鼠。
馒头出笼了，冷凉了，放在茅箱子里最好。
它透气而不通风，所以不发霉也不易干燥。

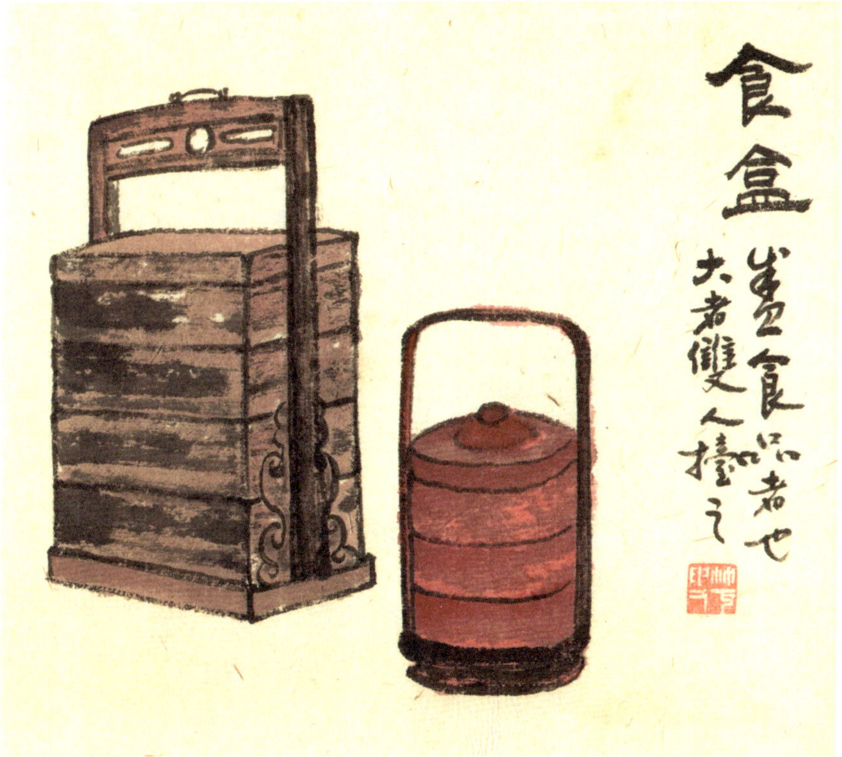

食盒

小型的可以单手提，现在大多成了不锈钢或塑料制品；
大型的需要二人抬，一般有三层或四层。
过去迎娶新娘子之前“下礼”，抬上几十个大食盒。

囤

囤用桑条或枣条编成，里面糊着麦穰泥；
折子一圈又一圈，可以一直到房梁。
传统农家过日子，一般要存下一年的粮食，没有囤，怎么行？

瓦罐与瓦盆

过去几千年，百姓过日子离不开它。
富贵之家用的是瓷器、铜器、金银器皿，
普通百姓用的主要是陶器。

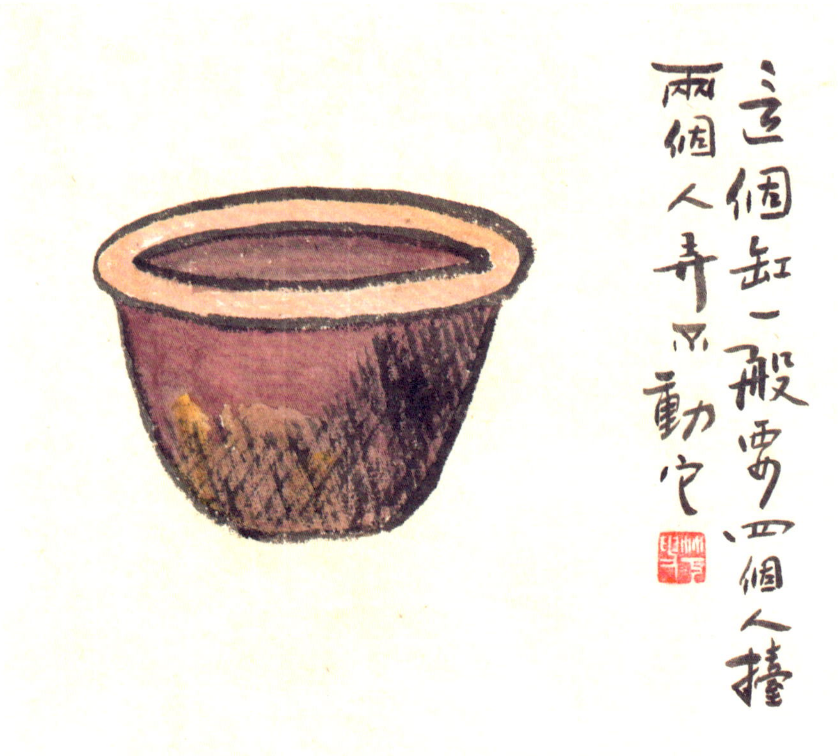

大缸

这是特号大缸，很重，搬运时要四条汉子用杠子抬。

它很大，夏日里可以容纳四五个孩子在里面戏水。

这样的缸只有两个用途：一是盛粮食，二是盛水。

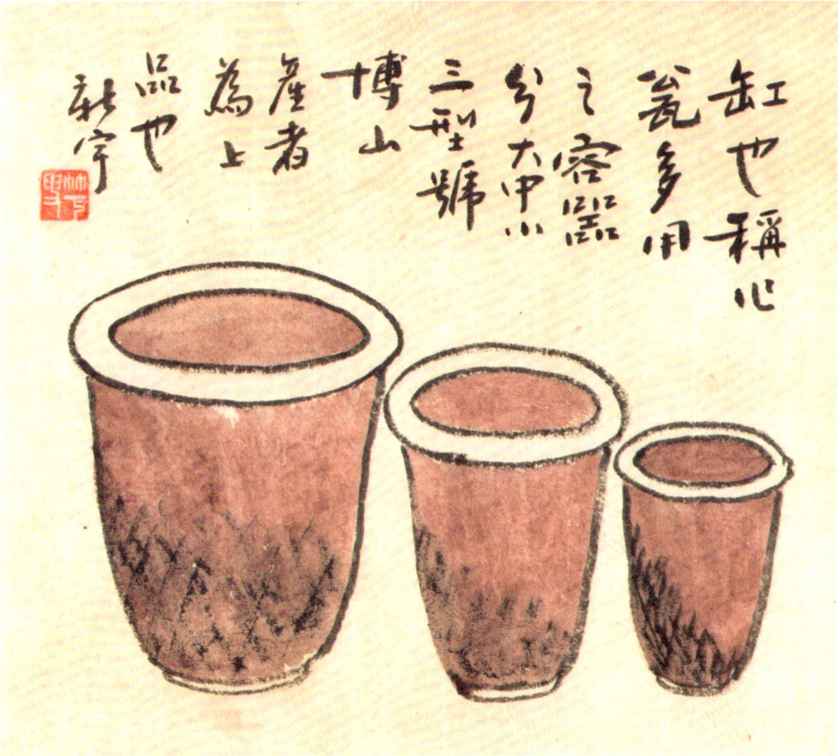

套缸

缸也叫瓮，套缸就是成套的瓮，

成套的瓮买回来，却不会成套用。

盛粮食一般要用大的，盛米盛面、腌咸菜用小的。

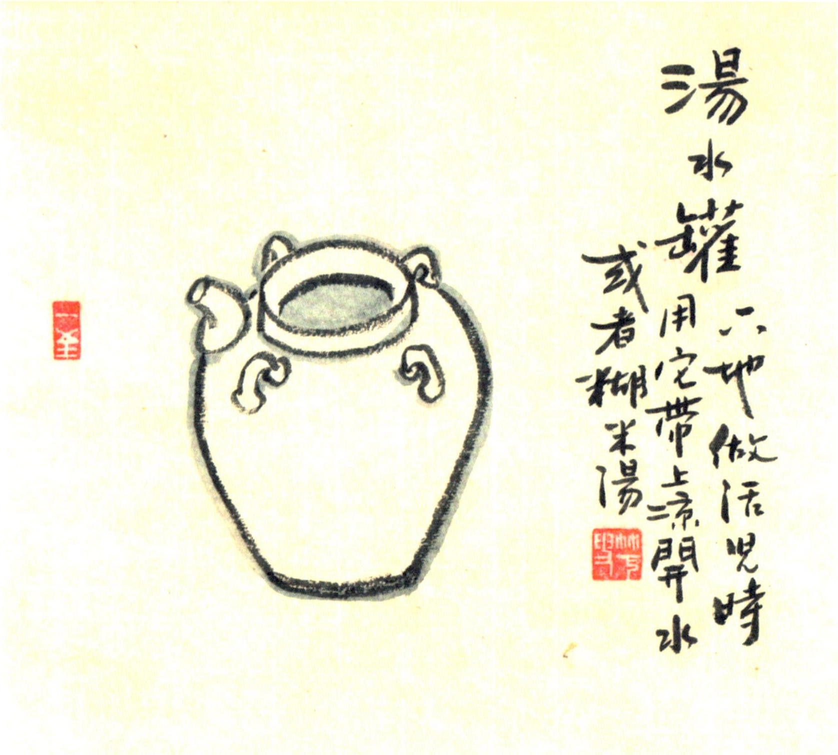

汤水罐

这种罐子是白瓷的，有的带青花。

农人下地干活，

带一罐糊米汤、绿豆汤，或者白开水。

坛子

坛子有大小，有高矮，也有胖瘦。

无论里面是芝麻、绿豆，还是咸鸭蛋，

上面都是盖一个碟子或者一只碗。

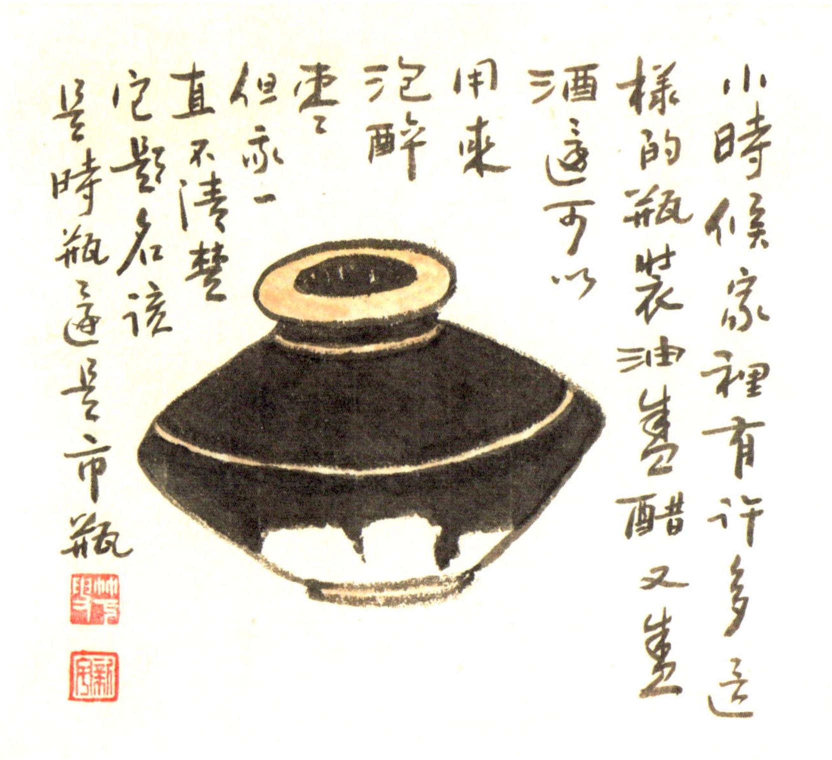

瓶

它的样子像坛子，却被叫作瓶。

小时候家里有许多这样的瓶，

盛油装醋又灌酒，秋天还用它泡醉枣。

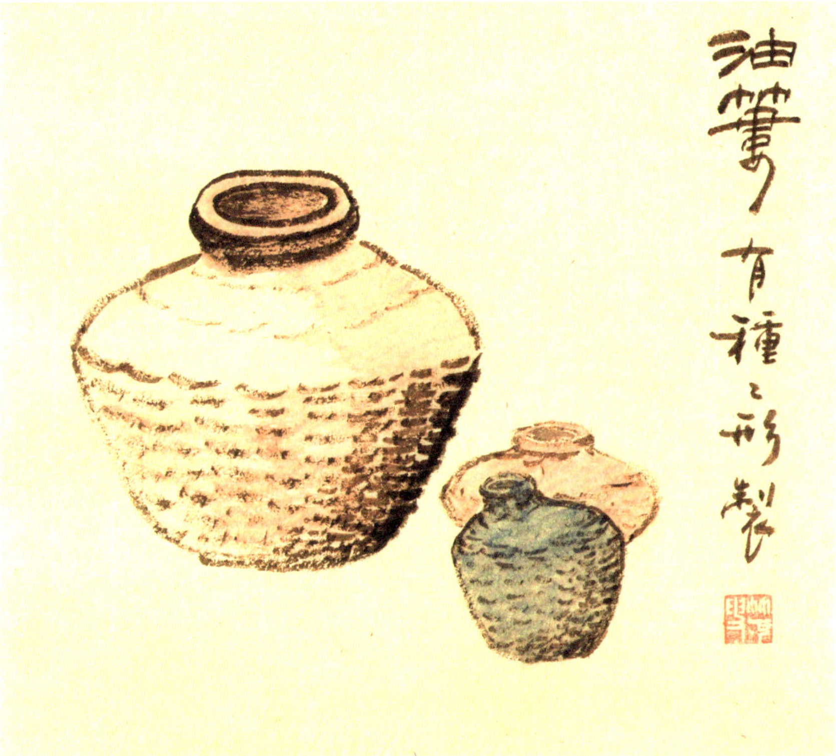

油篓

它是桑条编成的，里外糊桑皮纸，用桐油刷过，所以不渗漏。

它很轻，不怕碰，往地上一扔，像皮球一样蹦。

它被塑料桶取代了，但它显然比塑料环保。

木勺

从前是木勺子、铜勺子、铁勺子、瓷勺子，
现在又有了铝勺子和塑料勺子。
木勺子退休已有半个世纪，如今又成了“文化产品”。

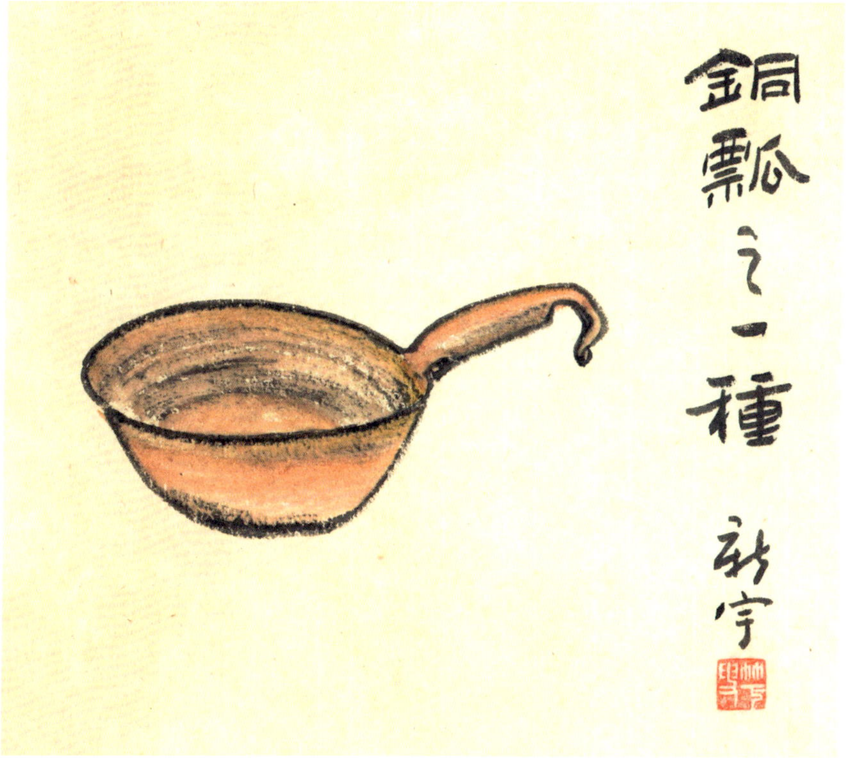

铜瓢

我记忆中最先用的是铜水瓢，黄铜的，像金子，五岁后变成了葫芦瓢。

十八岁开始用铝瓢，都说很卫生。

再后来有了水龙头，什么瓢都不用了。

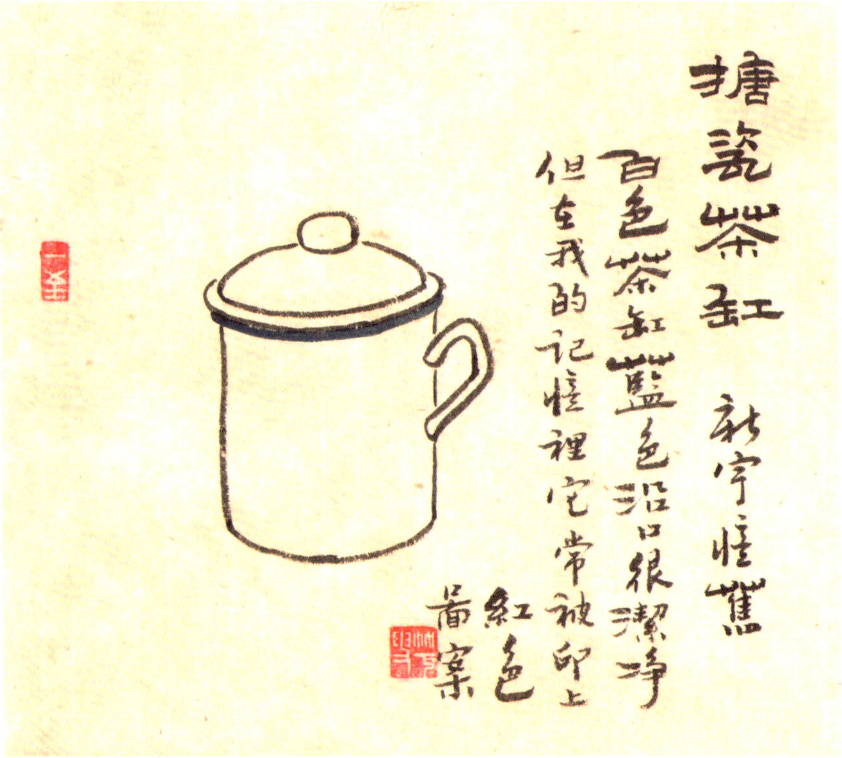

搪瓷茶缸

在我的青年时代。无论学生还是职工，几乎人手一个。
野外喝水，食堂打饭，都很方便。
评标兵，评模范，评先进工作者，
奖品都是它——搪瓷缸子一个。

席篓子与竹筢子

席篓子，有些地方叫席包，用芦苇或秫秸编成的。

无论落叶还是草根，用竹筢子搂起来，扫起来，都要装进席篓子，背回家，晒干了，成为做饭的燃料。

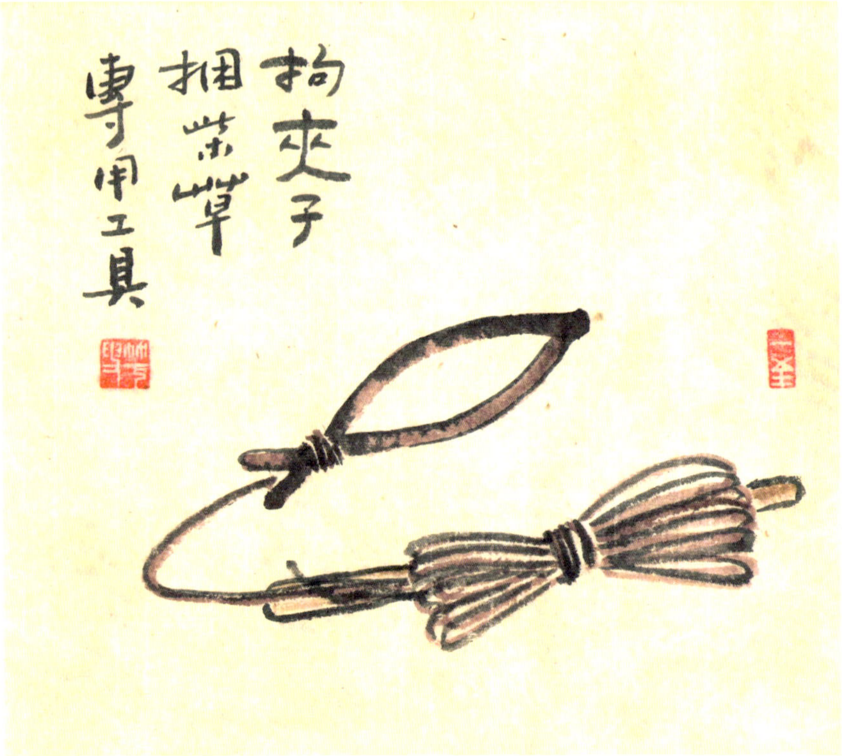

拘夹子

肯定有人记得它，
因为在田间小路上，山中小溪边，
暮色里，那些归家的人们，用它背过柴草。

针线笸箩、线板

母亲们的针线笸箩，儿女们应该记忆犹新。

针头线脑，布条布角，锥子剪子，都到针线笸箩里找。

笸箩里大都还有一本比较大的书，夹着鞋样子，还有绣花样子。

顶针与锥子

如今年轻的女士们甚至没见过它们，
但我们的母亲或奶奶肯定都用过，
做针线活戴顶针。纳鞋底、绱鞋子，就用这两种锥子。

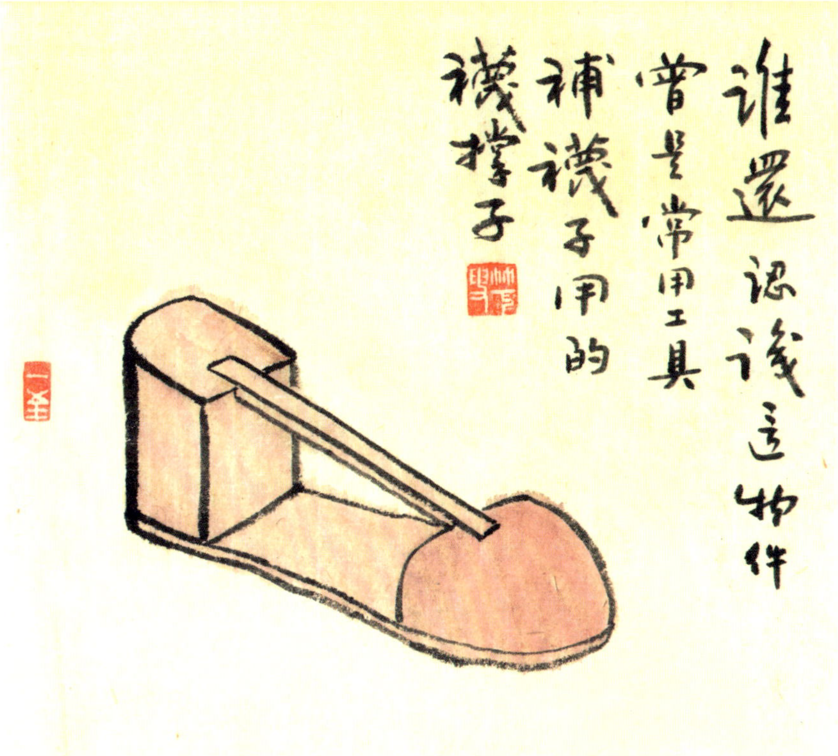

袜撑子

它曾是家家户户必备的，用于补袜子。
在我小时候，新袜子很少有人买来就穿，
而是要纳上底，补上帮——为了多穿几年。

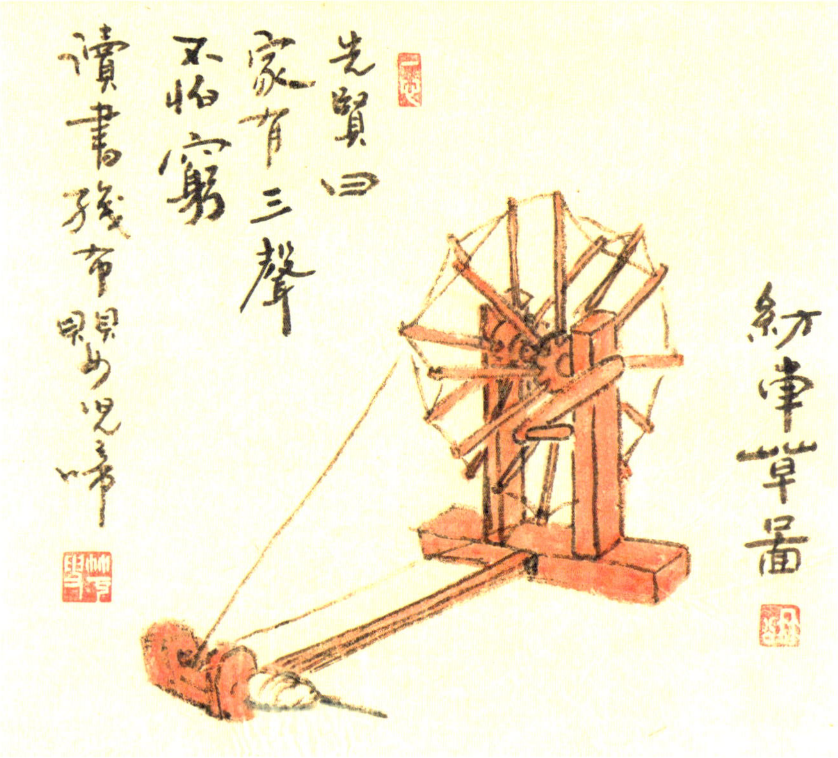

纺车

曾是家庭必备之物，几乎没哪个女人不会纺与织。

如今纺车已退出了农家生活，

但在穿衣需要布票的年代，农民又曾以自己的纺织弥补布票供应之不足。

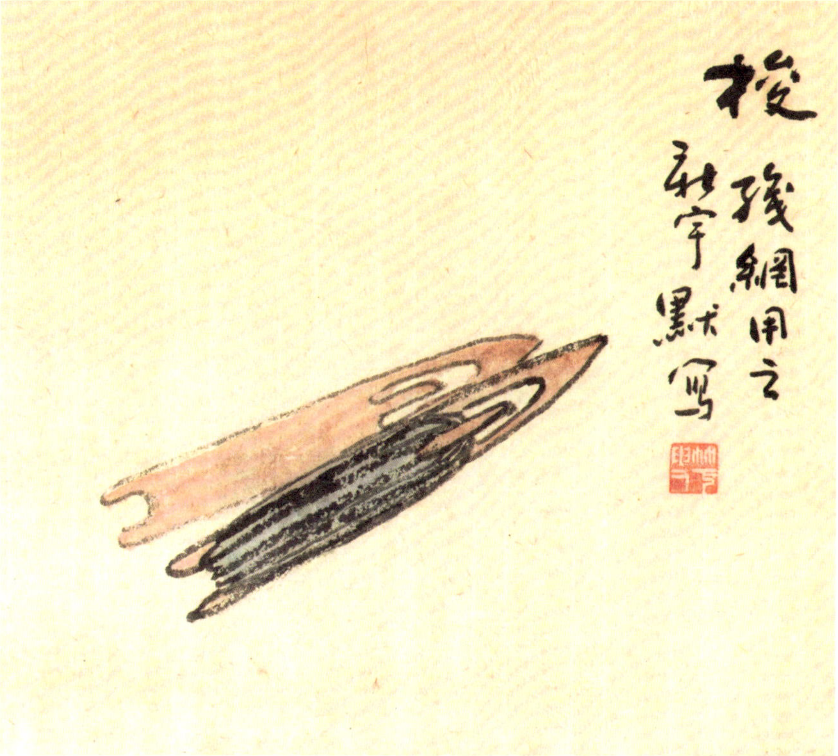

梭子

梭子多种多样，或用于织布，或用于织网，
这两个用于织女人们头上戴的丝网。
这样的小梭子，我为母亲和伯母做过。

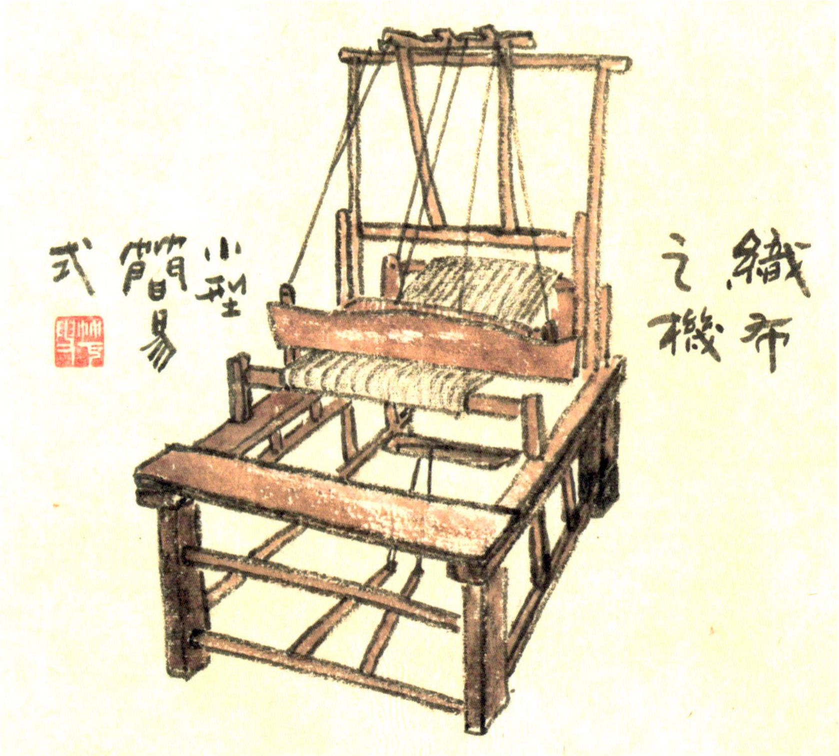

织布机

过去，它也是大多数家庭都有的。

俗话说：“家有三声不怕穷：织布声、读书声、婴儿啼。”

织布自足也成为一个家庭有希望的标志。

第四辑

日用杂物

扫地笤帚

笤帚之一种，扫地用，如今仍然常见。
它由脱粒之后的高粱穗做成，
但已经很少有人种高粱。

鸡毛掸子

它是鸡毛做成的，用于掸去灰尘。

字画上、书架上、博古架上落下的灰尘，

要用它轻轻掸去。

汤婆子

一般是铜做的，偶尔也有陶瓷的。
夜晚装上热水，放进被窝里，
睡觉时就会很暖和。

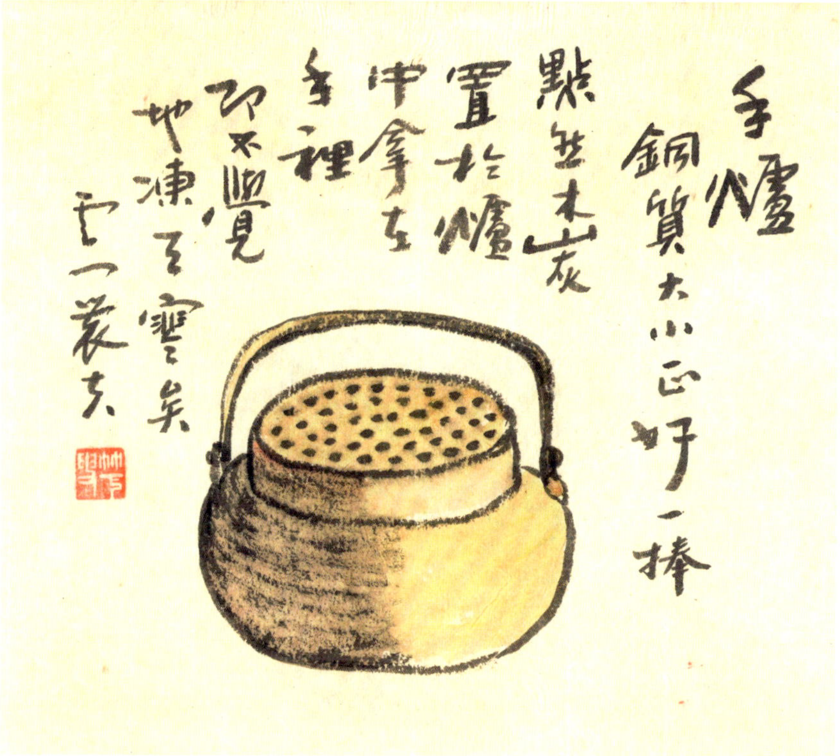

手炉

铜制的，有多种造型，大小正好一捧。
点燃木炭放进去，拿在手里，
可以防冻手，驱寒冷。

烘笼

阴雨天，孩子的尿布晒不干，就需要烘笼。

它用竹子或树条编成，使用时在下面放置火盆。

火盆里烧谷糠、稻壳，只发热，没有火焰。

大蒲扇

夏日晚上乘凉，一人一把大蒲扇。

它有两个用途：

一是扇风驱闷热，一是驱赶蚊虫。

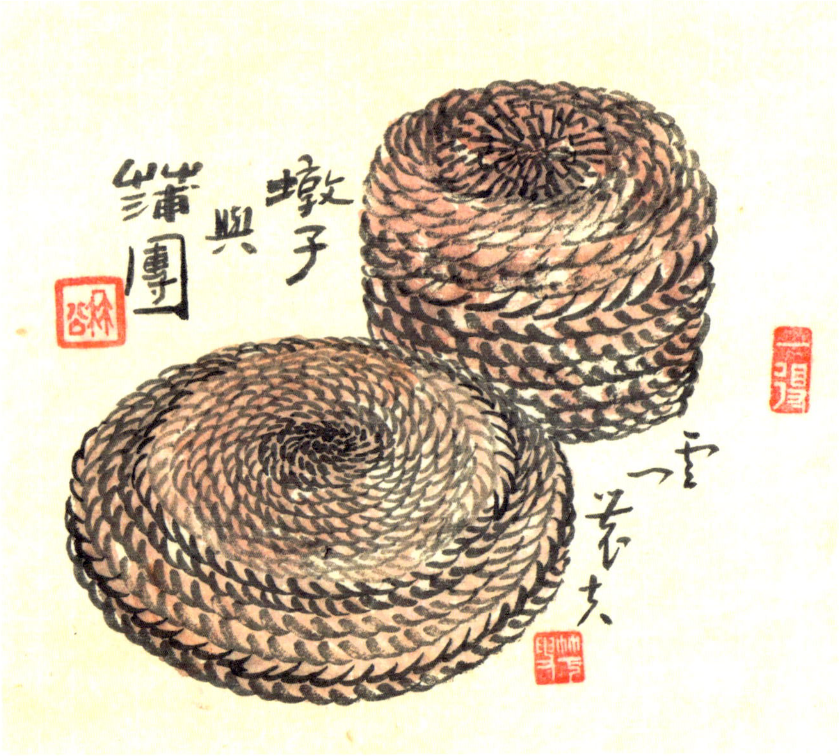

蒲团与墩子

几十年前，在农村这东西家家户户可见，

烧火做饭拉风箱，坐的是墩子；支下鏊子摊煎饼，坐的是蒲团。

没人买，也没人卖，都是主妇自己编。

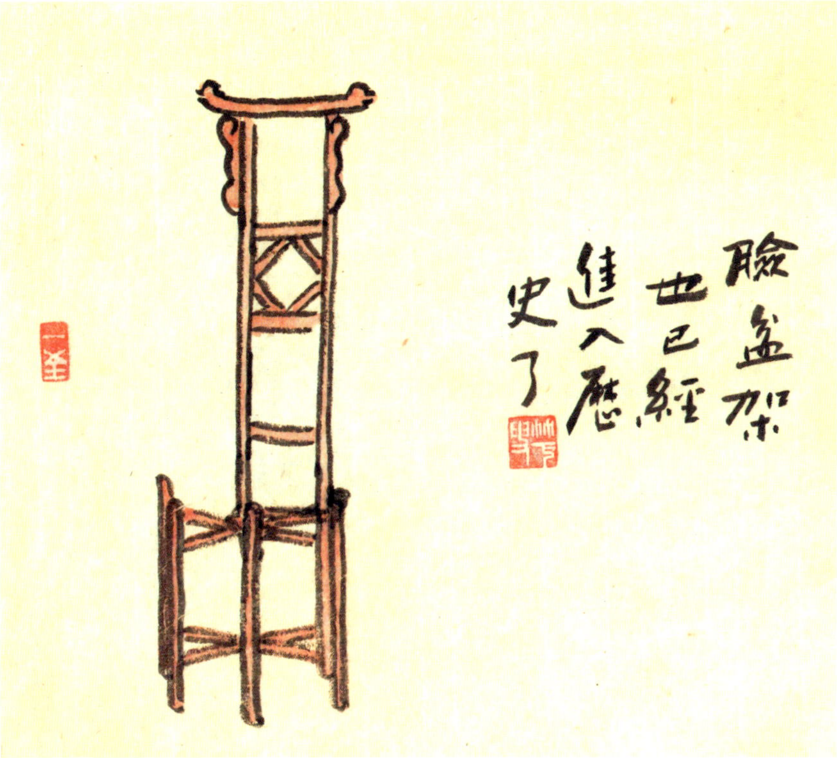

脸盆架

过去房间里、房前月台上，院中水缸旁，都可以见到它。
脸盆架上有肥皂盒，架上挂毛巾，
有的还装了镜子。

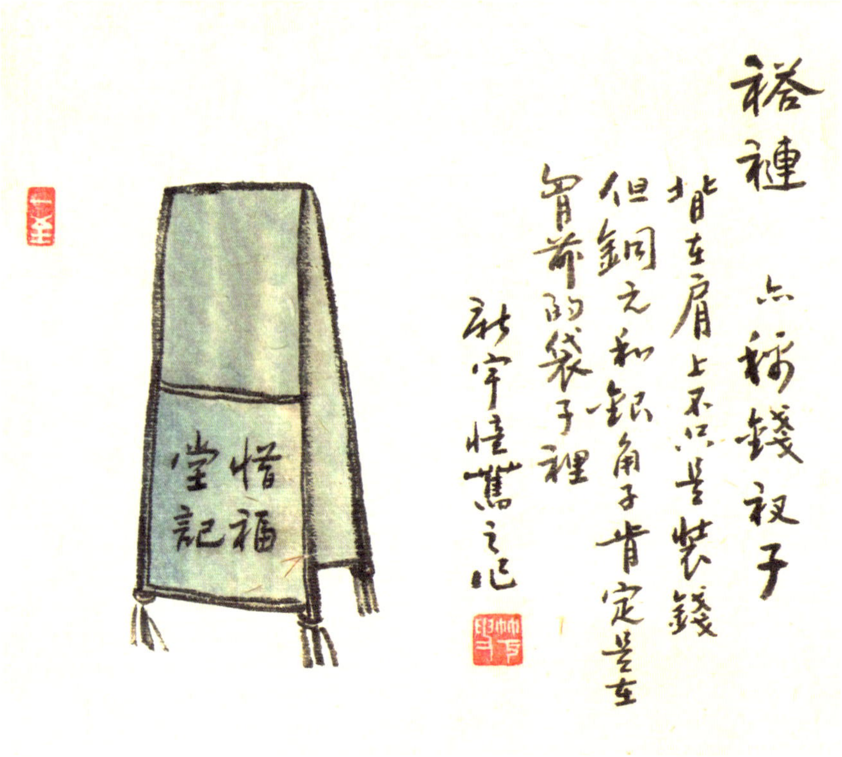

褡裢

它是帆布做成的，很结实。

相连的两个大口袋，一个在前面，一个在后面，

赶集上店买东西，搭在肩上很方便。钱衩子并不只是装钱。

缠腰

缠腰作为一种装备，
是腰带与钱包的结合。
钱，放在哪里都不放心，还是掖在腰里好。

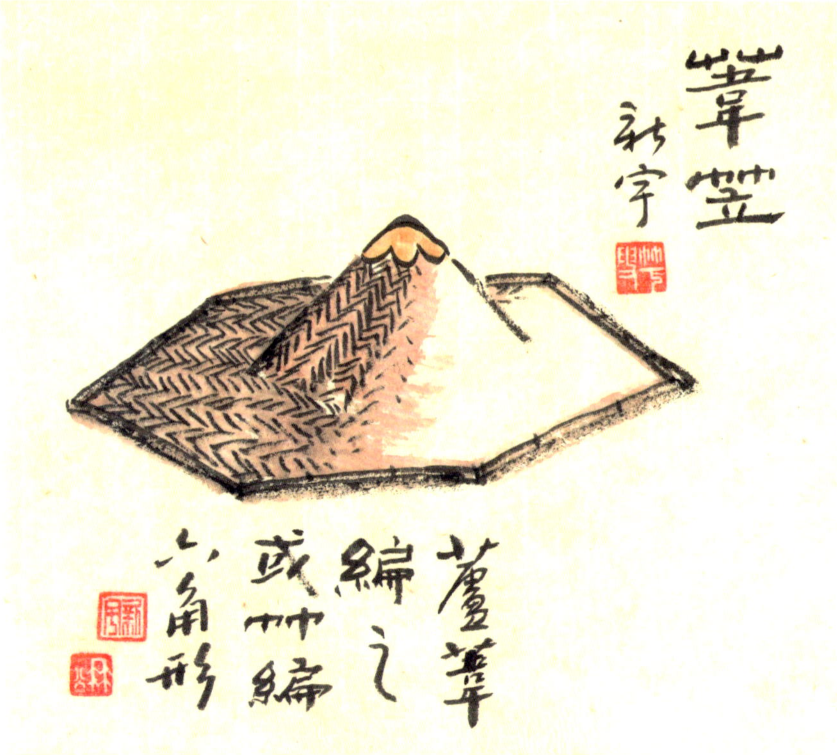

苇笠

记忆中的苇笠是这个样子，现在却到处找不到。

市场上有各种斗笠在卖，也有各种草帽，

但在我看来，还是这种六角的苇笠最好。

蓑衣

蓑衣各地式样不同，用料也不相同。
家乡的蓑衣用茅草编，新的翠绿，旧的暗黄。
几年前我编了一个，不错，却没有穿的场合。

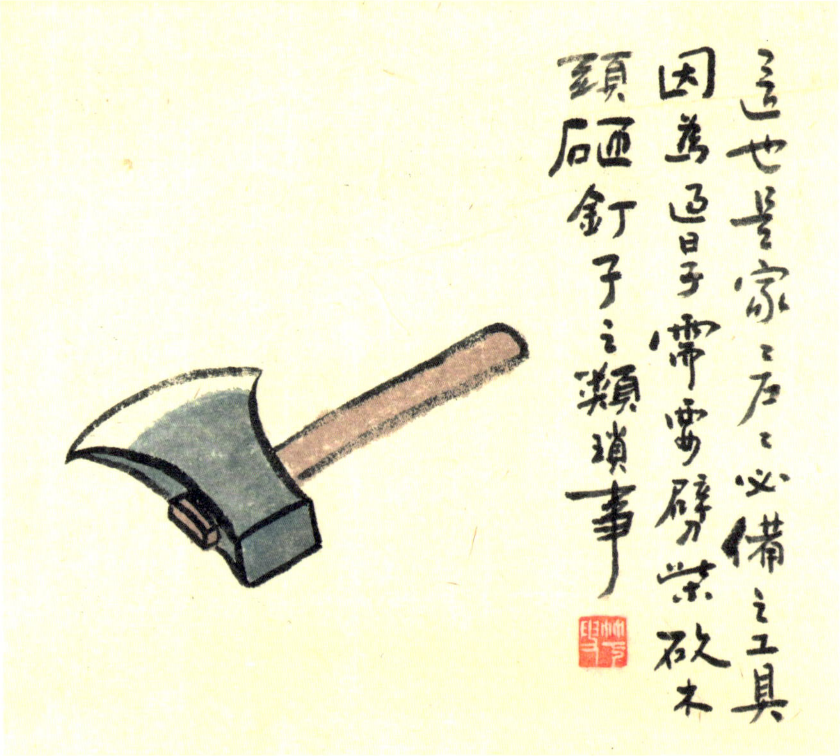

斧子

它曾是农家必备，

可以砍树，可以劈柴，可以砸钉子，

还可以放在门后，以防盗贼砸门。

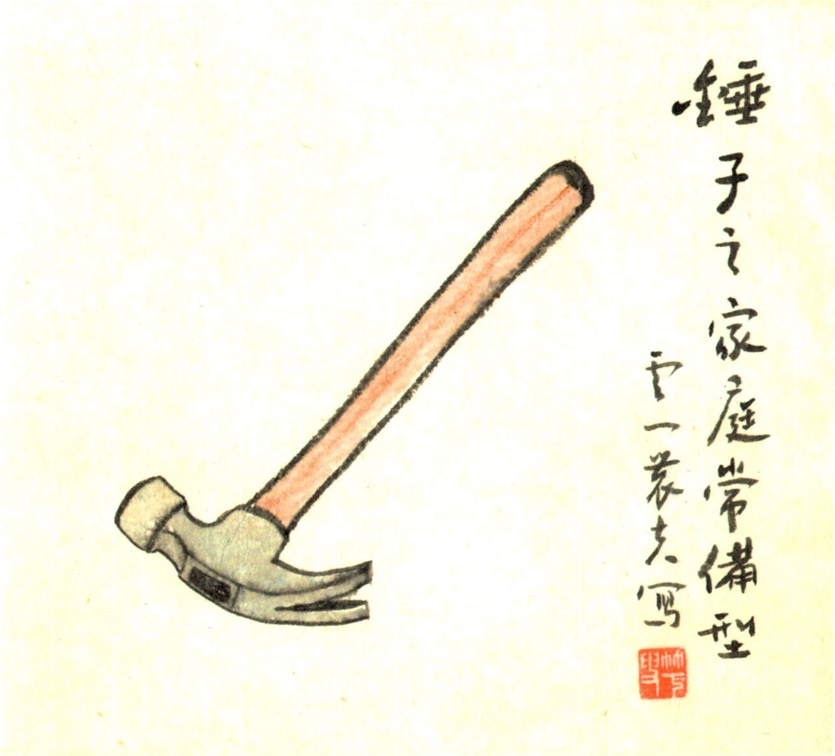

锤子

我们叫它“羊角锤”，因为它长得像羊角。
它的好处，是不仅可以砸钉子，
还可以往外起钉子。

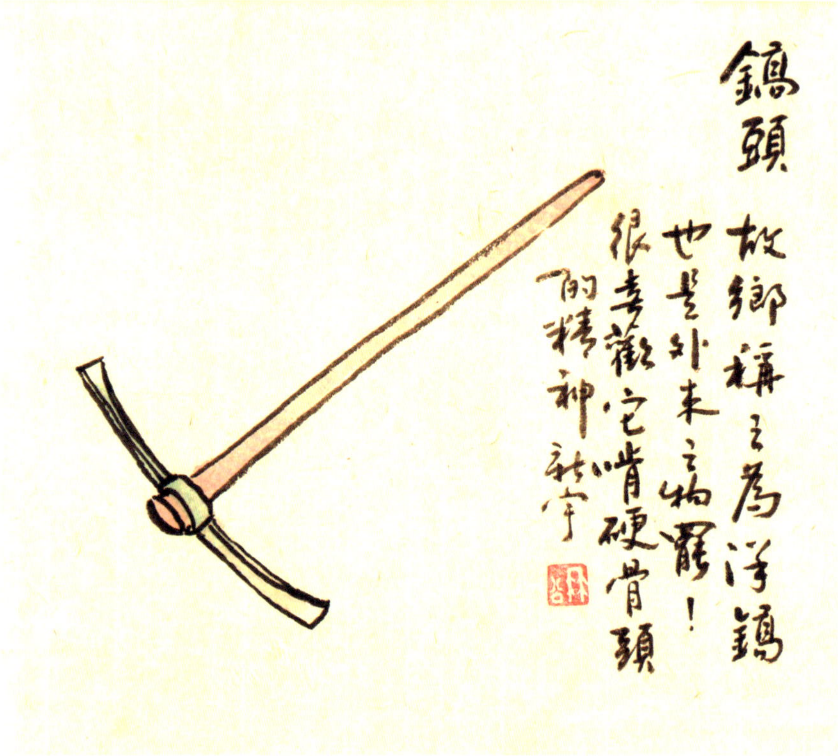

洋镐

故乡称之为洋镐，因为它也是外来之物。

我喜欢它那种啃硬骨头的精神。

洋镐一头扁，一头尖，都是秃的，无刃，适用于刨。

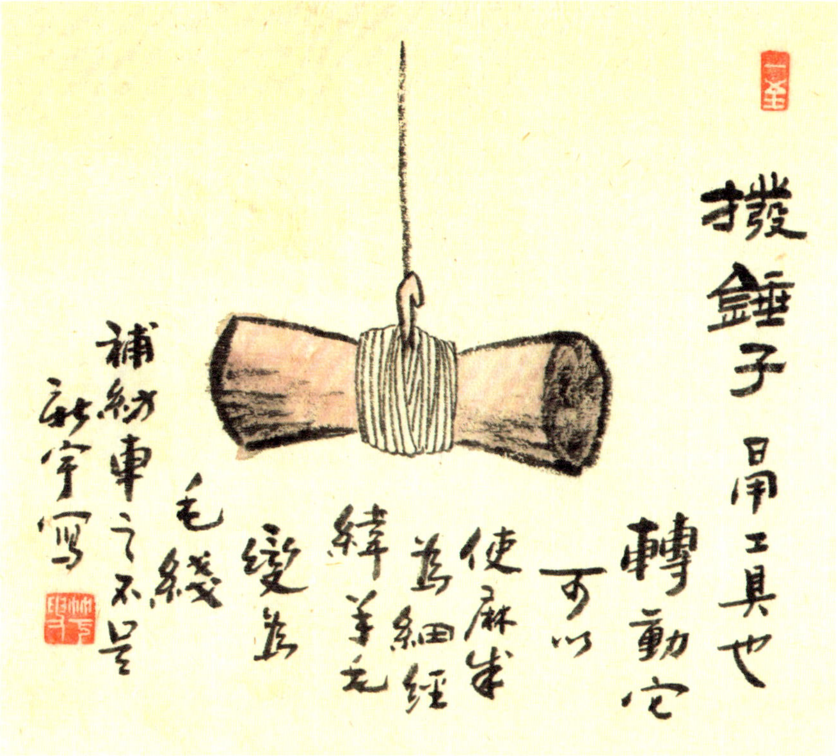

拨锤子

一段木棒，或者一段羊腿骨，
中间装上一个钩子，就成了拨锤子。
转动它，可以把麻变成绳，把羊毛变成毛线。

升

容器，也是度量衡。

它的容量各地并不一致，

就像过去的斤和两、尺和寸，州县之间不相同。

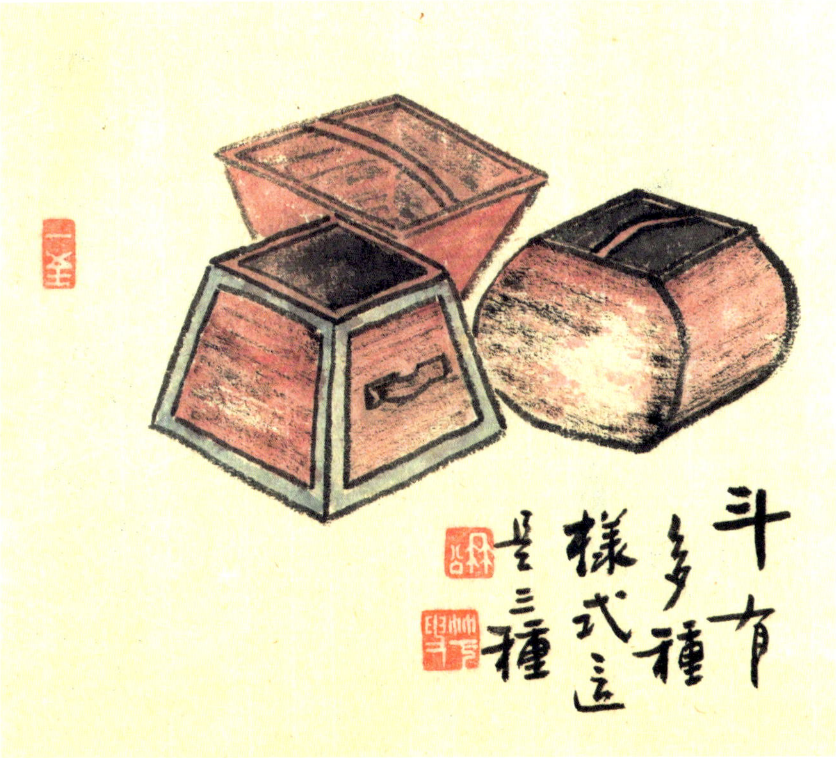

斗

斗有多种样式，这里画了三种，其实我见过七八种。

斗的容量不相同，小时候课本里有这样的课文：

“地主的斗，吃人的口”“大斗进，小斗出。”

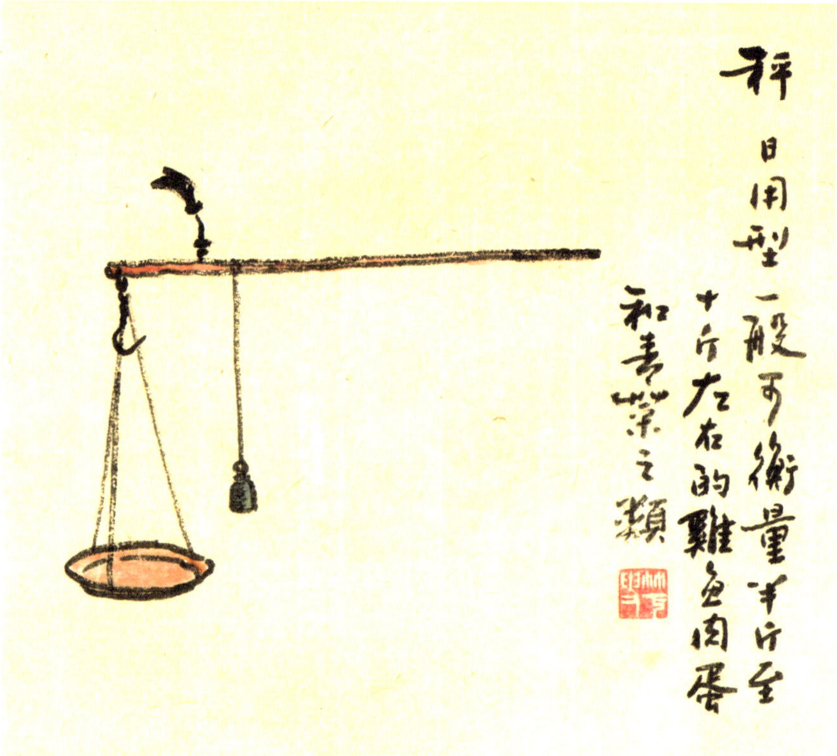

秤

秤有大秤和小秤，这是小的。
它是小商贩的必备工具，
也是庄农的日常用具。

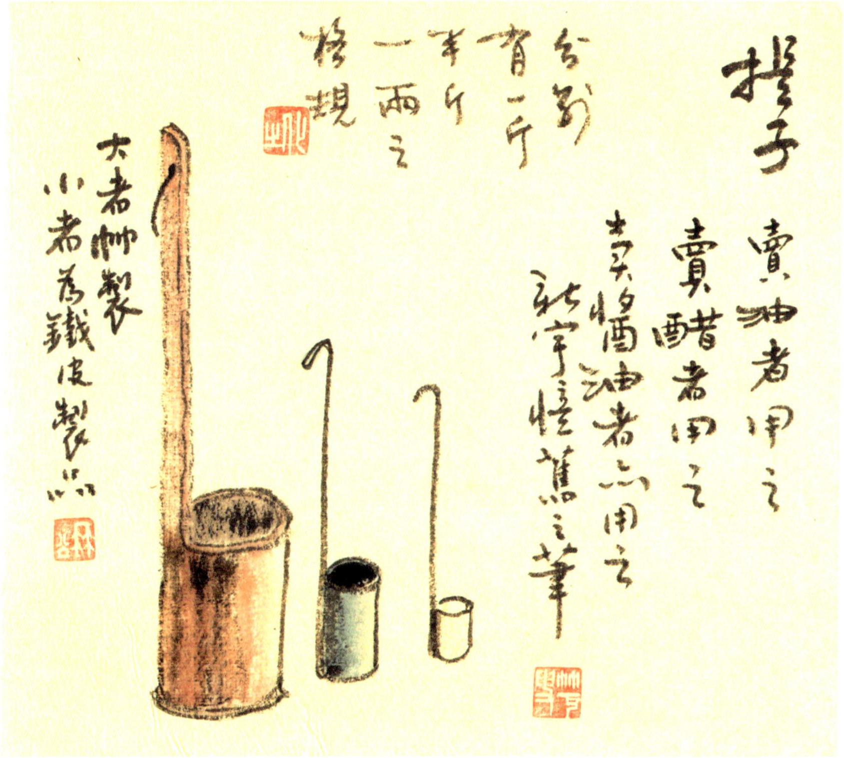

提子

小的铁皮制，一两，二两，还有半两。

大的用竹筒，半斤，一斤，还有二斤。

卖酒，卖醋，卖酱油，在我小时候都用提子量，不用秤。

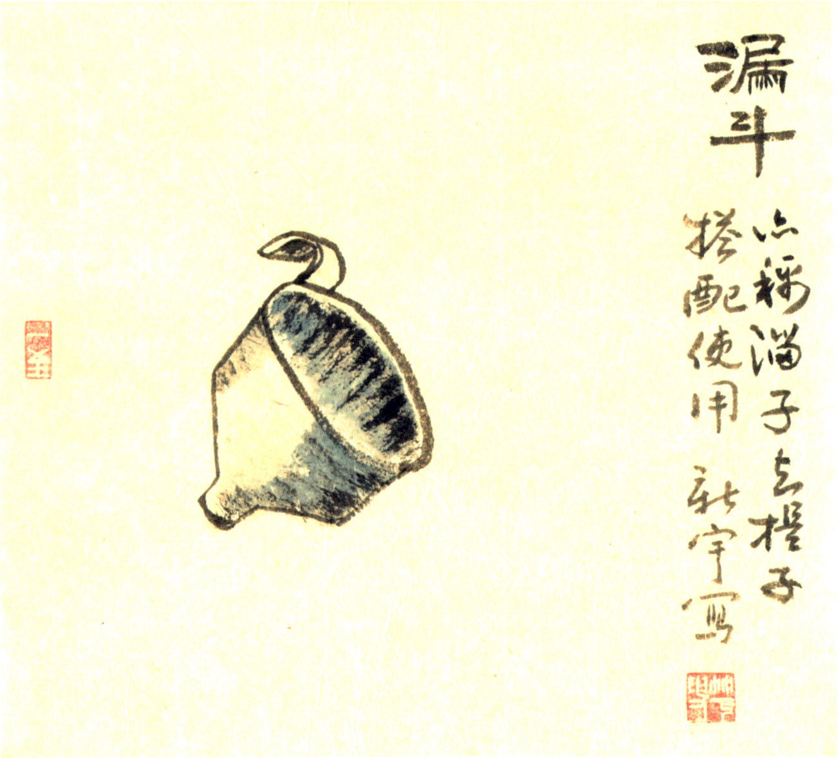

漏斗

漏斗是提子的伴侣，二者配套使用。

提子从桶里提出油，

要装进瓶子，就要用漏斗。

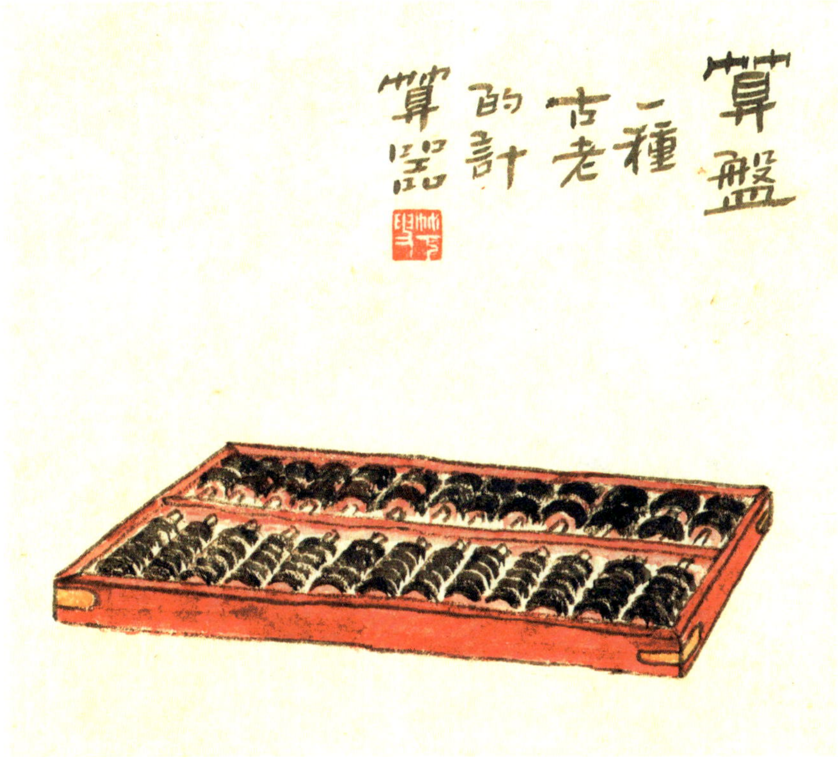

算盘

古老的计算器，现在少人用了。
“小九九”之类的词语，也不再是不言自明。
“二一添作五” “三下五除二”，
数学课堂上背熟的这些口诀，如今还有用吗？

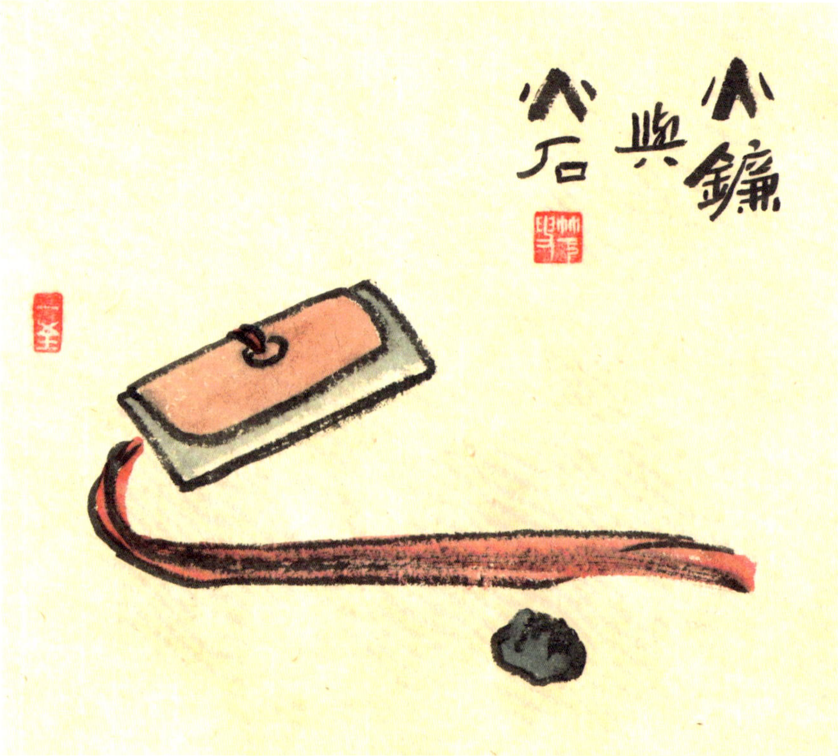

火镰与火石

火镰是二指宽四指长的一块钢片，一面用羊皮包起来护手指。

拴上带子，为的是系在腰里免得丢失。

沙堆里选来的小石子，火镰击打冒火星，就是火石。

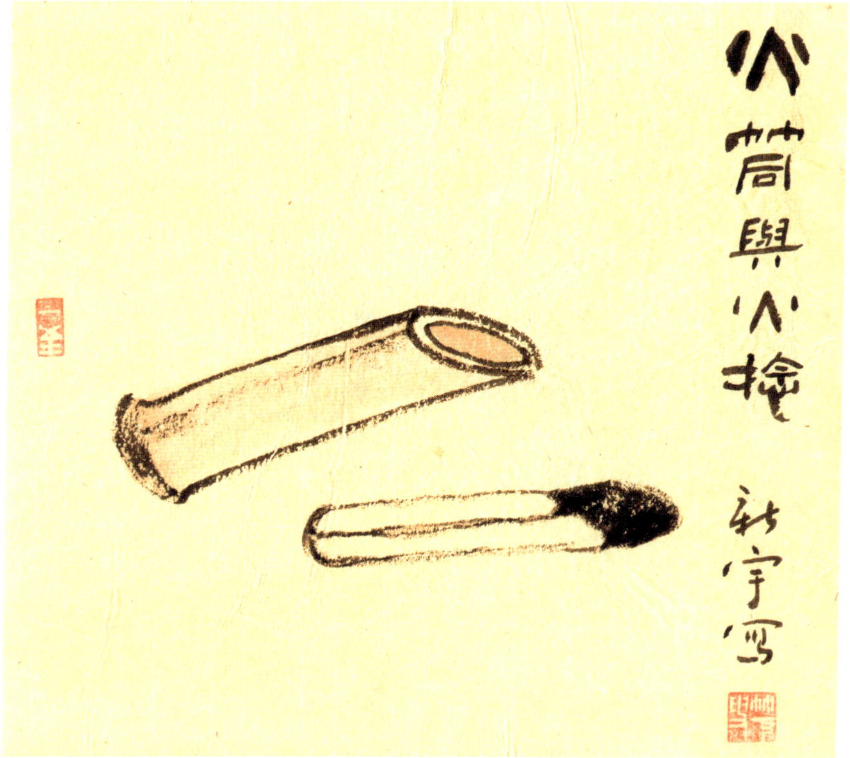

火筒与火捻

火筒就是一截竹筒，火捻就是一卷草纸。
为了保护那些未燃尽的黑灰，火捻要用竹筒装起来，
火星落在黑灰上面，才会点燃。

油灯

“小老鼠，上灯台，偷油吃，下不来……”说的就是这种灯。

煤油灯也是油灯，但那灯台上的油，老鼠是不吃的。

歌谣中的油灯用的是香油或花生油。

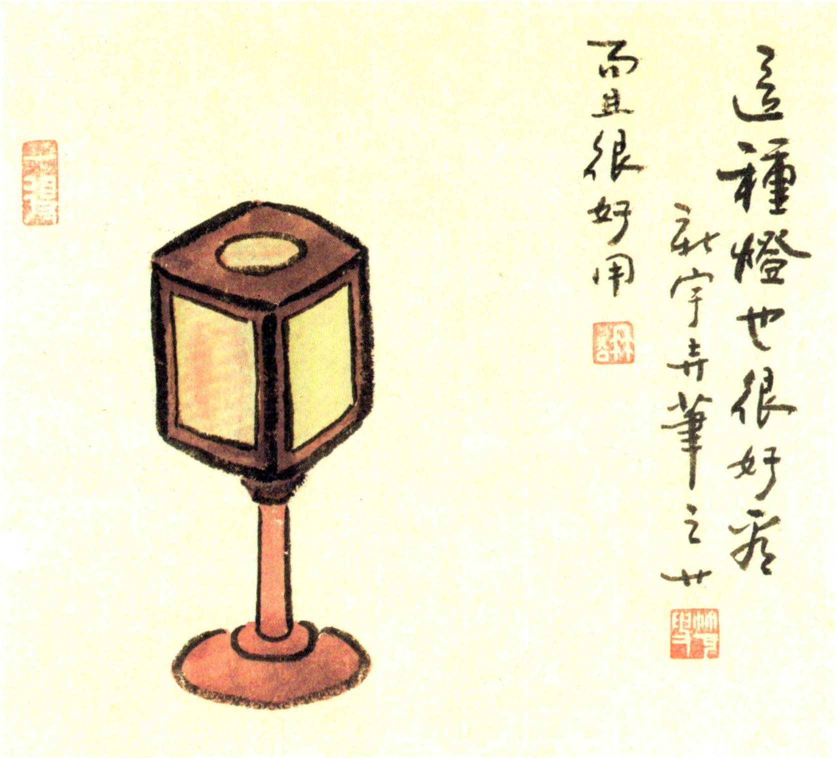

传统台灯

这是点蜡烛的台灯。

它也是罩子灯，

烛台上面加罩子，只是为了防风。

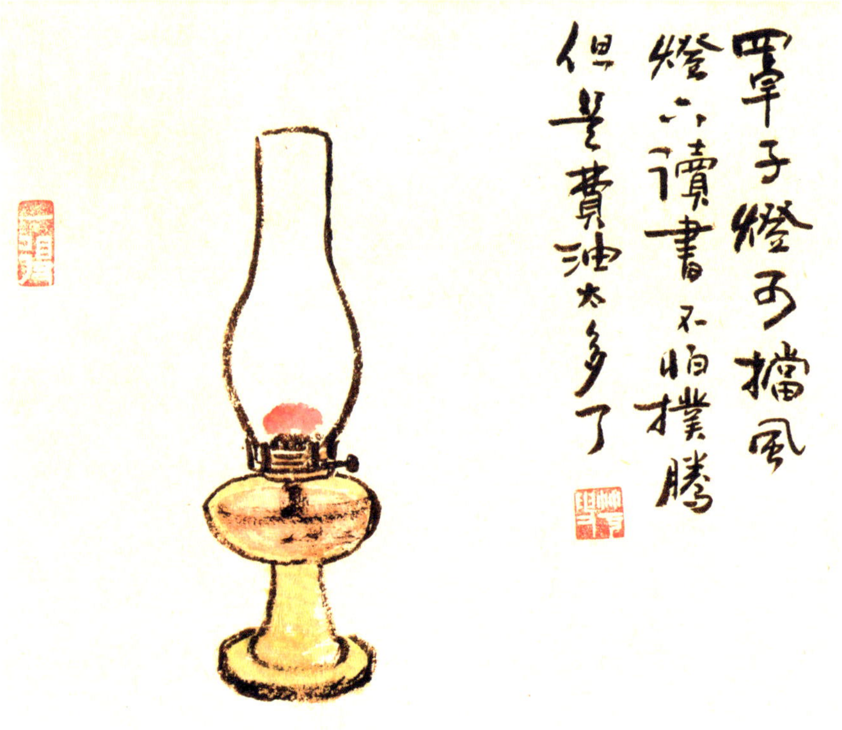

罩子灯

它是煤油灯中的贵族，工厂造。

灯头有机械化意味，装有齿轮，旋动螺栓就可以调节灯的亮度。

不过，因为灯贵而且耗油多，人们一般不用。

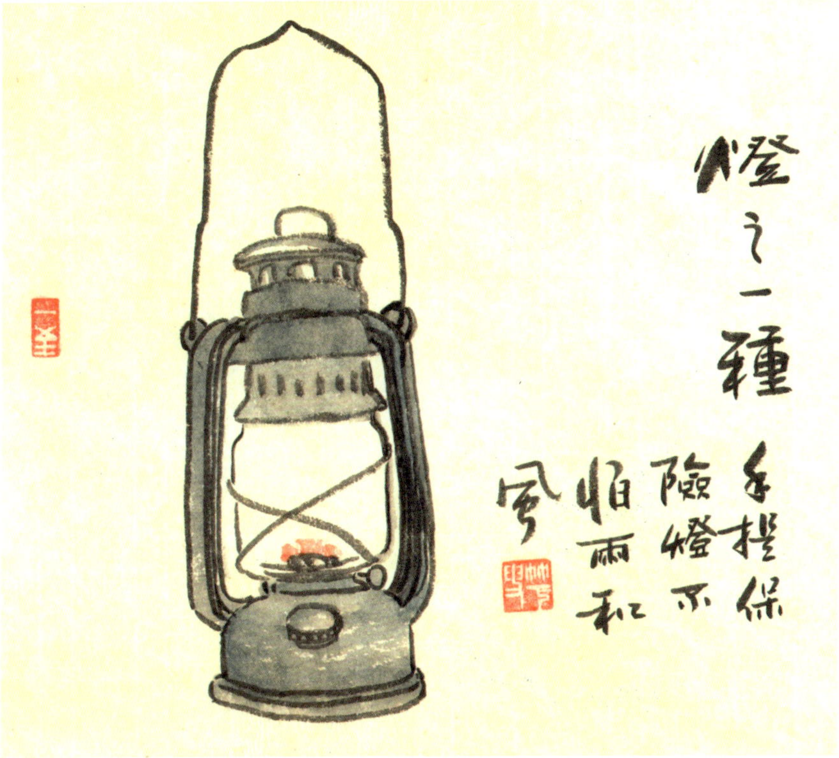

保险灯

“手提保险灯，不怕雨和风”，这乡谣含义却不只在字面上。

“手提保险灯，头戴安全帽”，

这乡谣也未必是说某人在黑暗中从事危险工作，

而是说他有依靠、没风险。

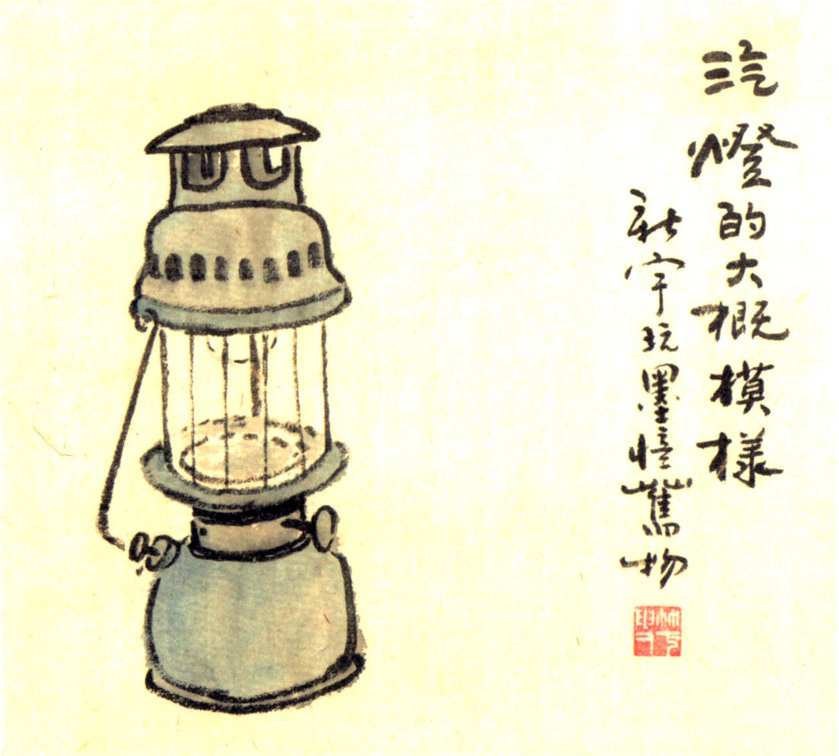

汽灯

它烧的是煤油，所以也属于煤油灯，

只因燃烧方式不同，它成了油灯当中最亮的灯。

开大会，唱大戏，都要挂汽灯。

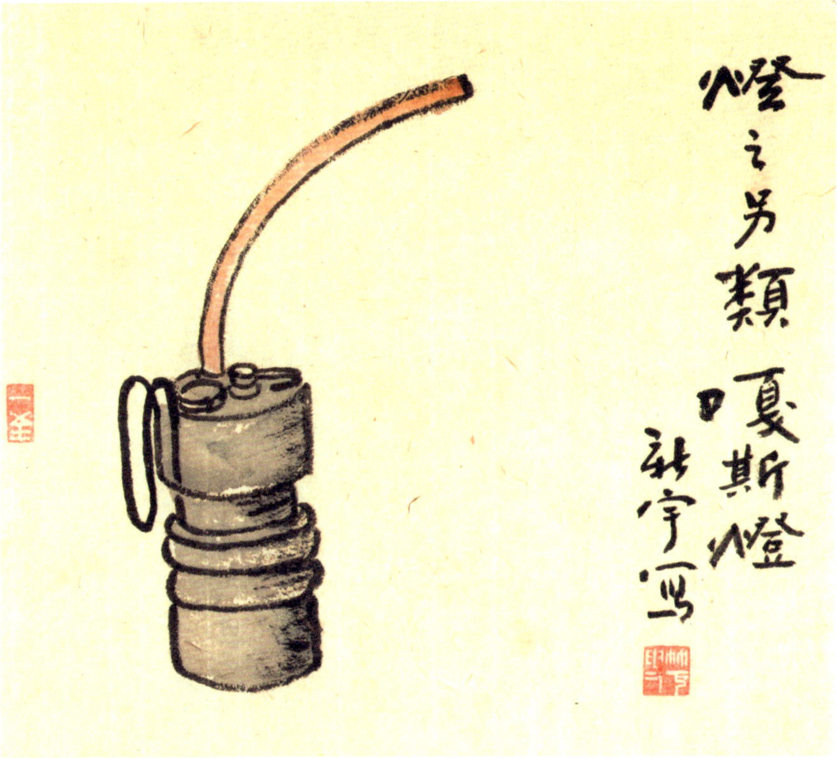

嘎斯灯

嘎斯灯也叫电石灯，燃烧的是乙炔，
光很亮，而且不怕雨和风，
只是散发一种气味，在室内不受欢迎。

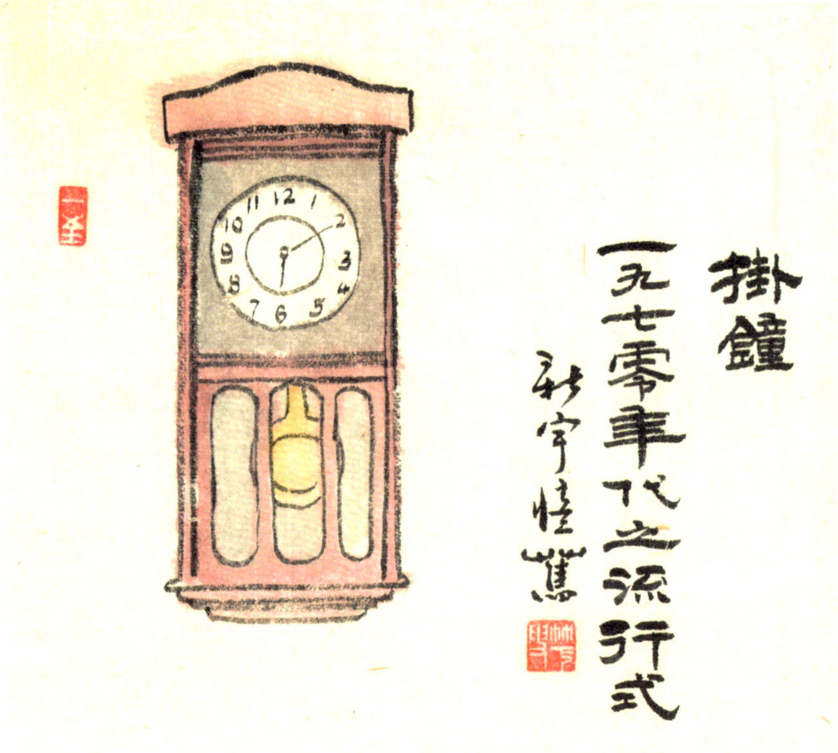

挂钟

它在 1970 年代流行，那时乡村结婚需要三大件：
自行车、缝纫机、挂钟。
这当年摆门面的奢侈品，如今被不值钱的电子表代替了。

婆婆车

它全是木头做的，上层那块搁板，
可以拿下去，变成床铺，供孩子睡觉。
这车可脸对脸坐两个孩子。

童车

一种极好的娃娃车，木头做的，四个轮子是四片圆木。

车内可坐两个孩子，宽些的可坐四个孩子。

孩子们既可轮流坐车，

也可学会拉车和推车。

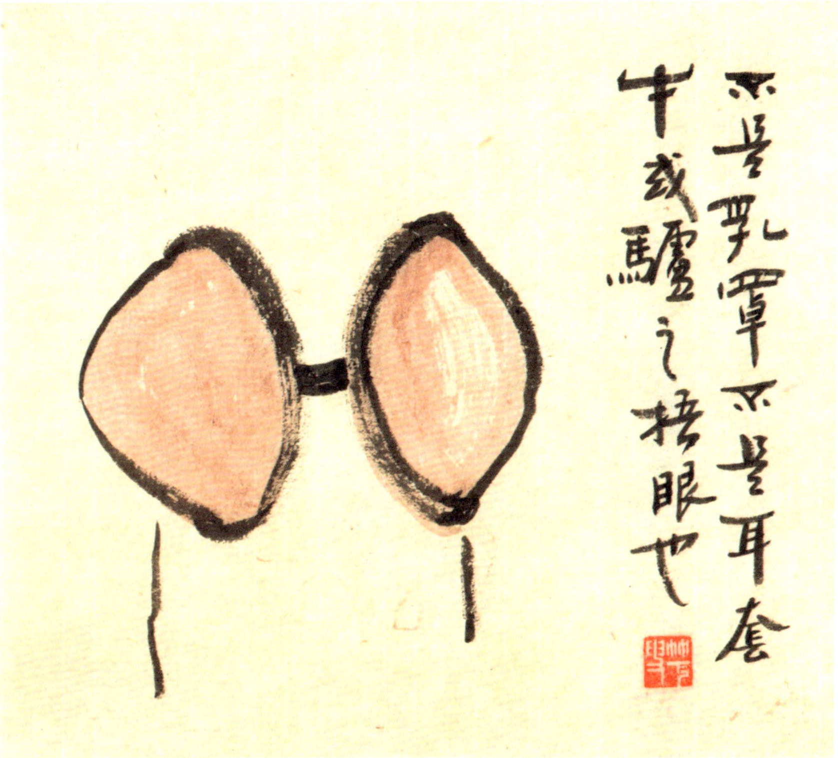

捂眼

牛在菜园，驴在磨道，
面对美味，难免想一饱口福，
这就不仅需要笼嘴，而且需要眼罩。

猪食槽

猪食槽多是石头的。

猪的饭量大，进食也勇猛，

一般的坛坛罐罐，都会被它弄烂。

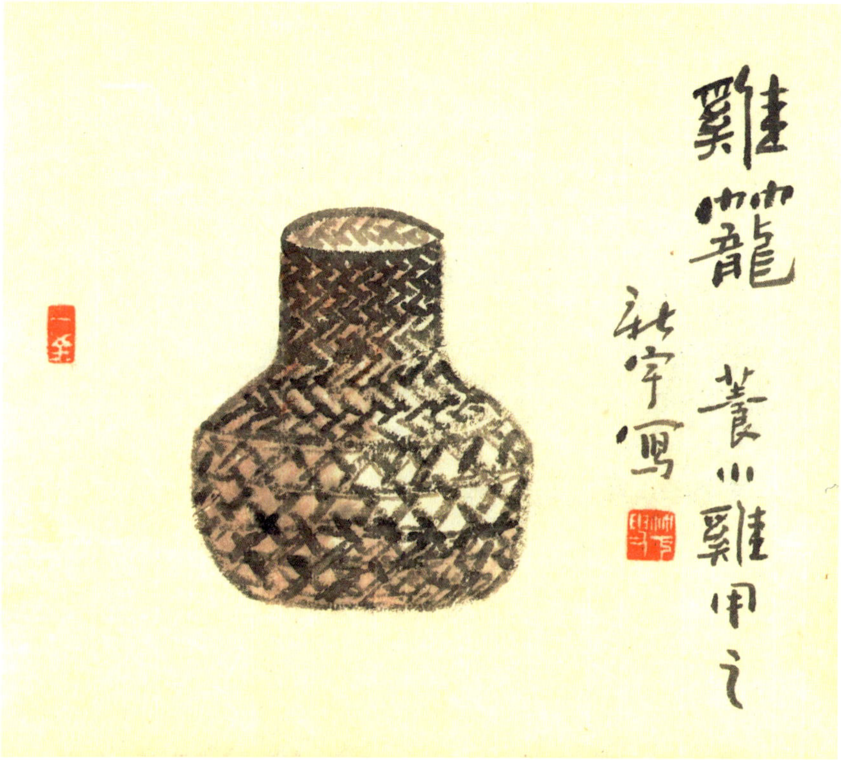

鸡笼

养小鸡用的，用芦苇或高粱秸编成，
直径约一尺，高一尺有余。
可以容纳十几只小鸡。

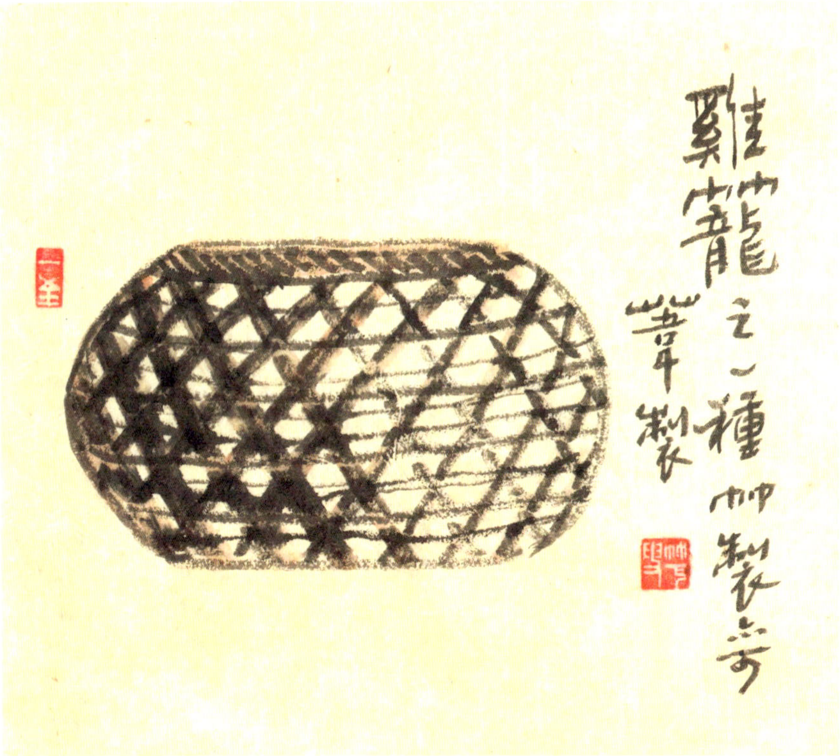

鸡筐

小鸡日益长大，鸡笼就会盛不下，
这时就改用鸡筐。
待到小鸡自己能跳出鸡筐，就该让它进鸡窝了。

第五辑

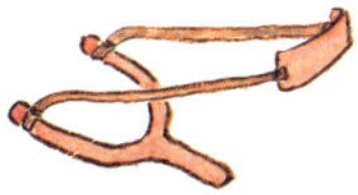

文化消闲

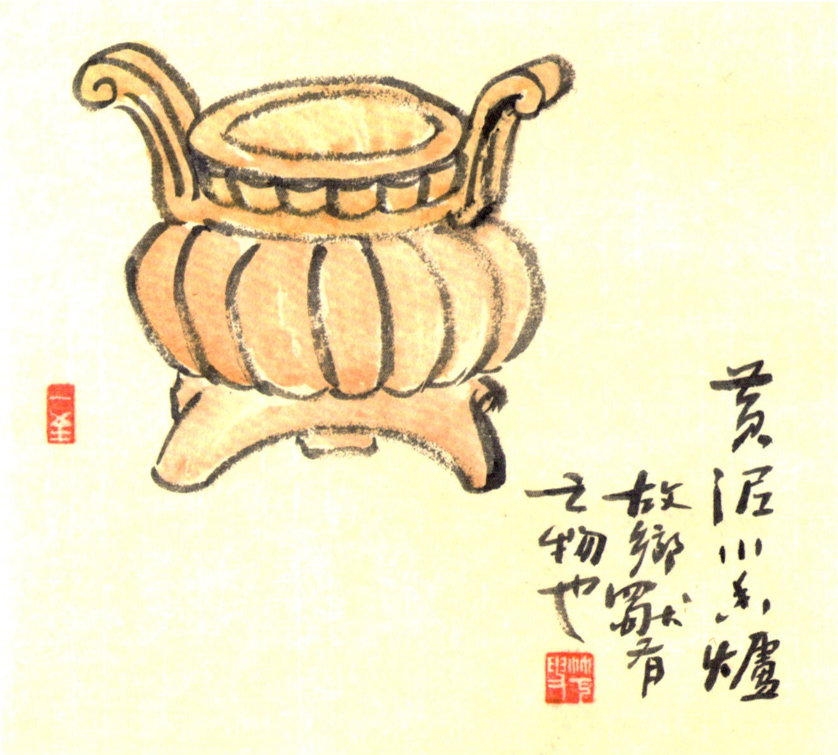

黄泥香炉

记忆中的黄泥香炉，

年集上总有人挑着来卖。

两毛钱一个大的，一毛钱一个小的。

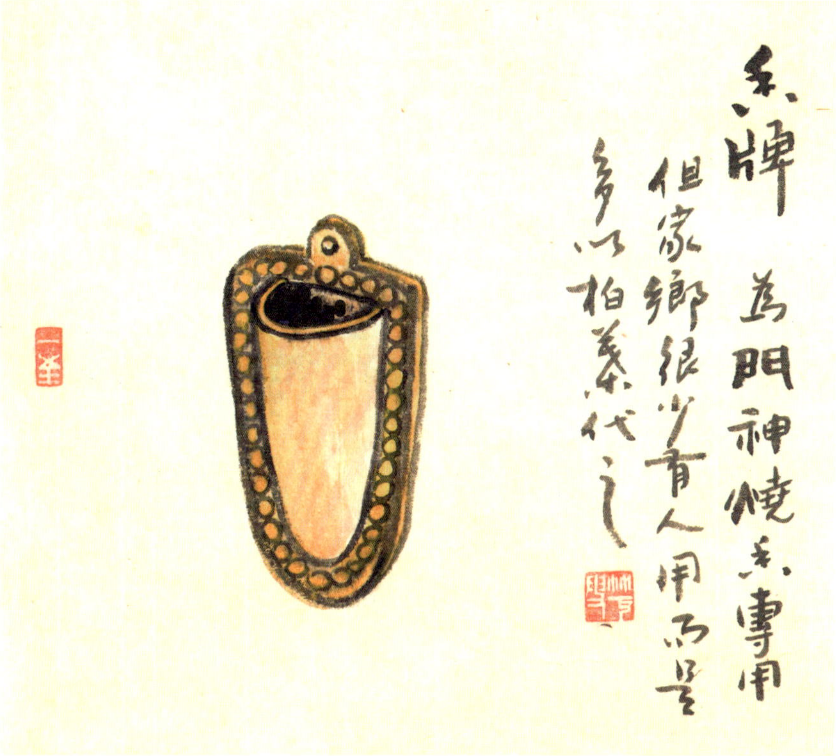

香牌

它也是黄泥做成的，专用于敬门神。
过年时门口两边各挂一个，在里面烧香。
我家却是从祖茔砍回松枝，
一束束挂在门框上，就在那松叶上面插香。

烛台

过年或娶亲拜天地，供桌上除供品外，还要有“五件”：

中间是香炉；两边是烛台，烛台是铜的；

两边蜡烛是红的，香烟缭绕，烛光闪烁。

欢喜团

以前过了年几乎天天看戏。

戏台前总有人在卖两样东西：

一是冰糖葫芦，二是欢喜团。

欢喜团是大米花粘成的吧？玩够了，也就吃掉了。

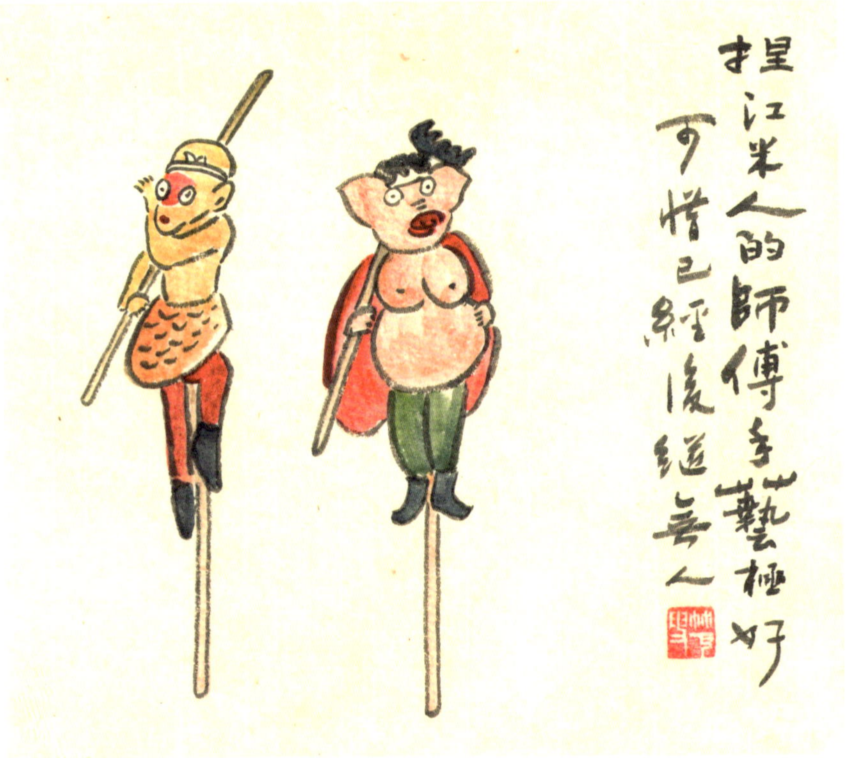

江米人

在我儿时的玩具中，有一种江米人，
师傅的手艺极精湛，搓搓捏捏，
要什么就有什么。

泥哨

卖泥哨的一进村，孩子们就跑来了。

商贩嘴上总是含一个甚至两个，吹得吱吱响。

泥哨做成各种动物，孩子们都想买全它。

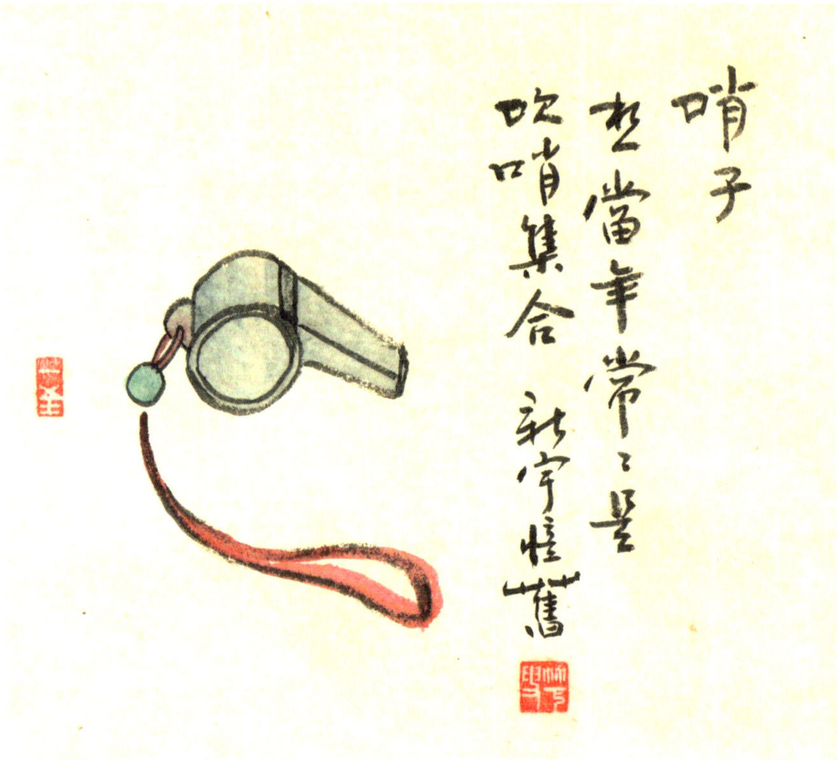

铁哨

是玩具，又不仅是玩具。

从小学二年级开始，我的脖子上挂了一个哨子，

按照老师的吩咐吹哨集合。

毽子

男孩儿玩兵器，女孩儿踢毽子。

找几根漂亮的鸡毛，

拿两个乾隆通宝，就把毽子扎起来了。

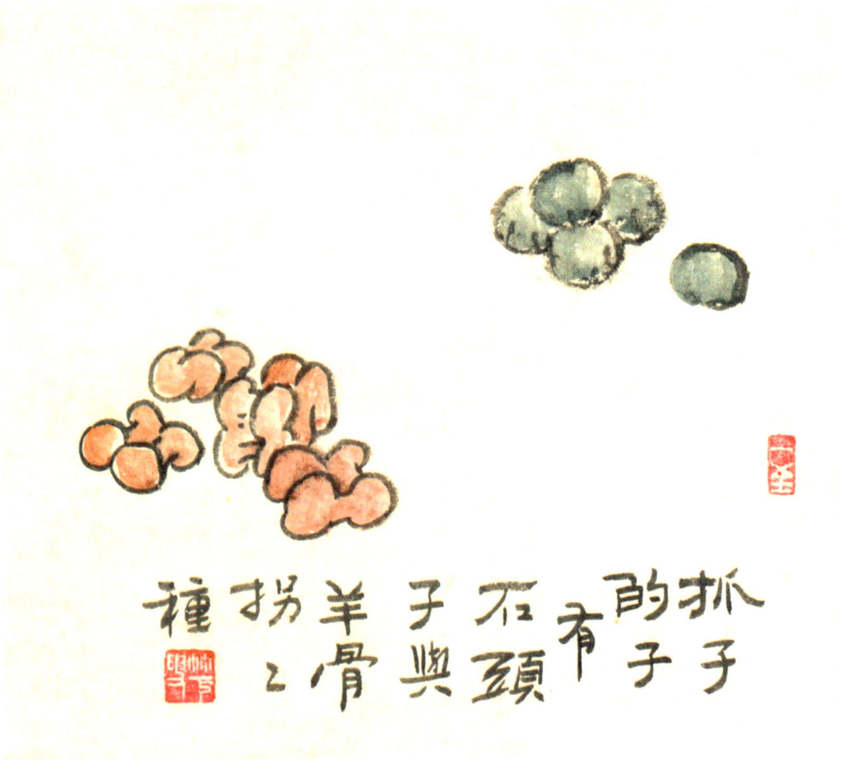

石头子与羊骨拐

抓子是女孩子们常做的游戏。

“子”主要有两种：一是石头子，自己砸的；

二是羊骨拐，吃羊肉时捡出来的。

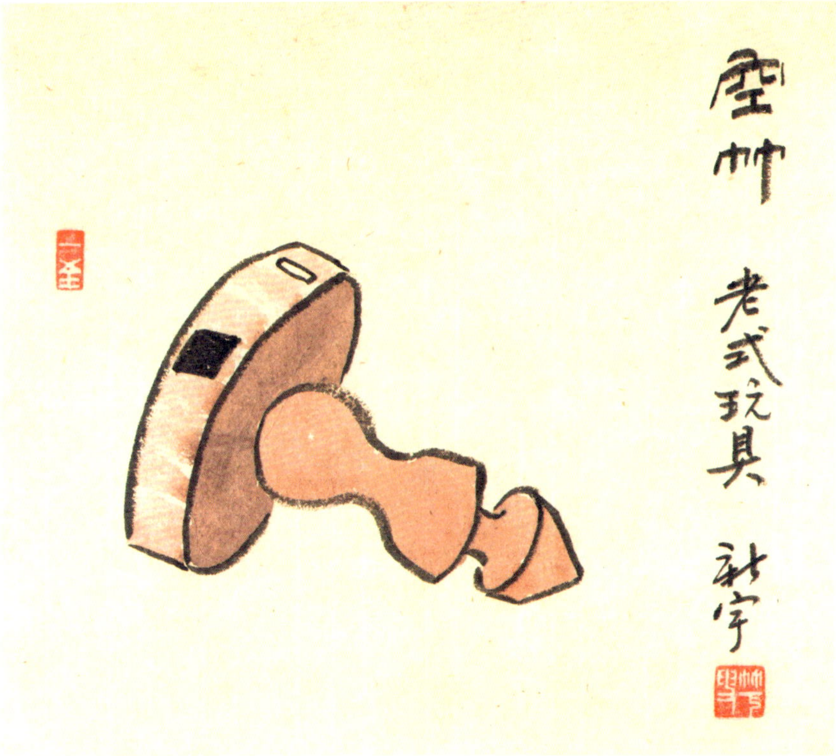

空竹

如今新材料加上新样式的空竹，
却不如这老式的好看又好听。
竹盒中空，圆盘上有低音孔和高音孔。

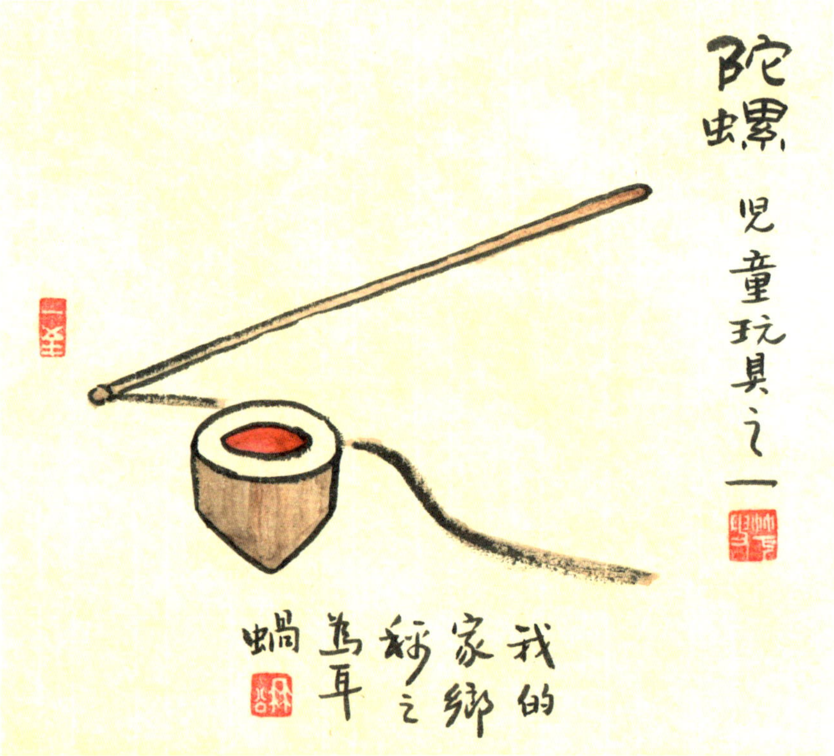

陀螺

儿时常玩的玩具，我的家乡叫它“耳蜗”。

木制，一般是枣木或松木，

尖端栽一颗钢珠，就更好。

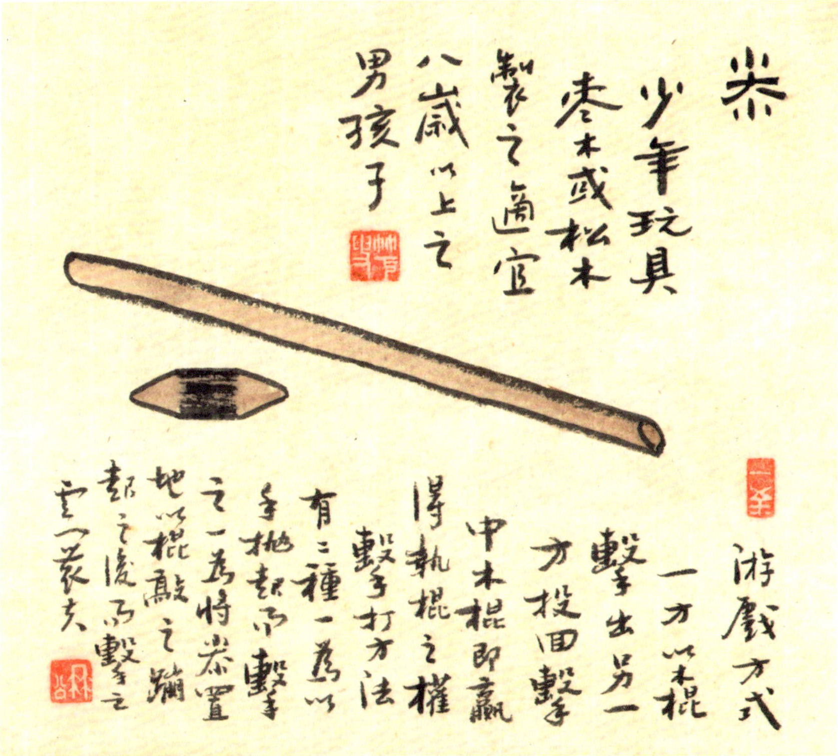

尜与尜巴棍

尜巴棍是打尜用的。

游戏一方用棍把尜击出，然后把棍平摆；

另一方把尜捡起，于原地投回，击中木棍即赢得打尜权。

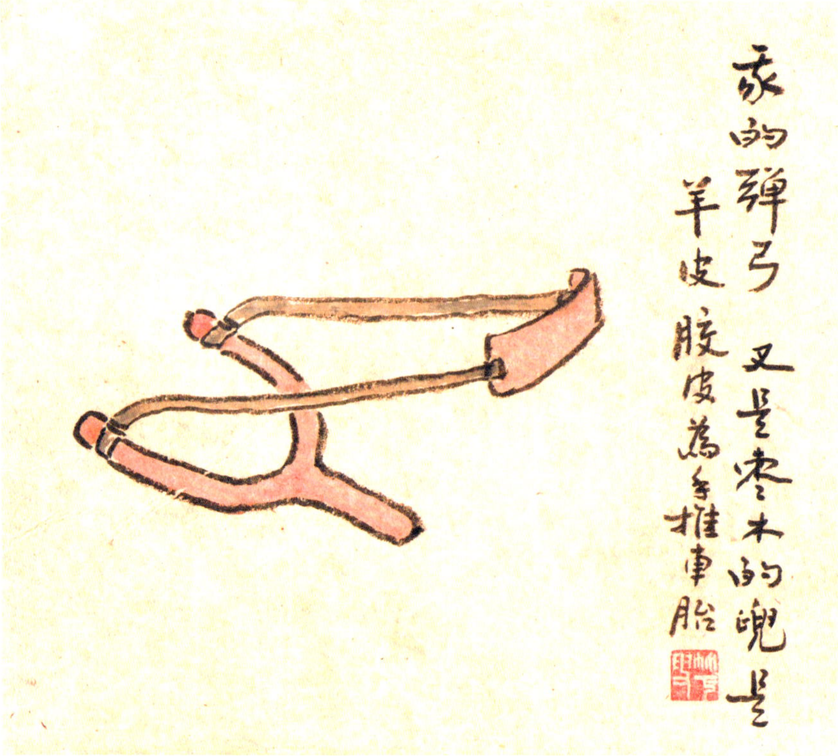

弹弓

弹弓叉是枣木的，自然长成。

弹弓兜是羊皮的，皮筋可从废轮胎上割。

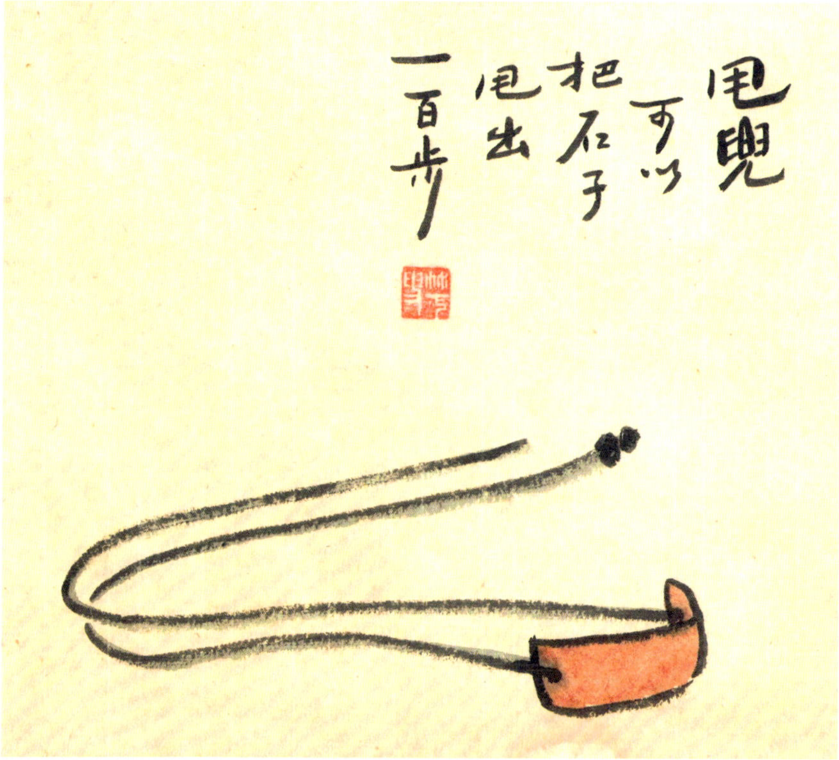

甩兜

中间是一块皮子或帆布，两头拴上带子，就成了甩兜。
带子一根拴在手上，另一根攥在手里，
石子放进兜子，抡起来猛地一松手，就能飞出很远。

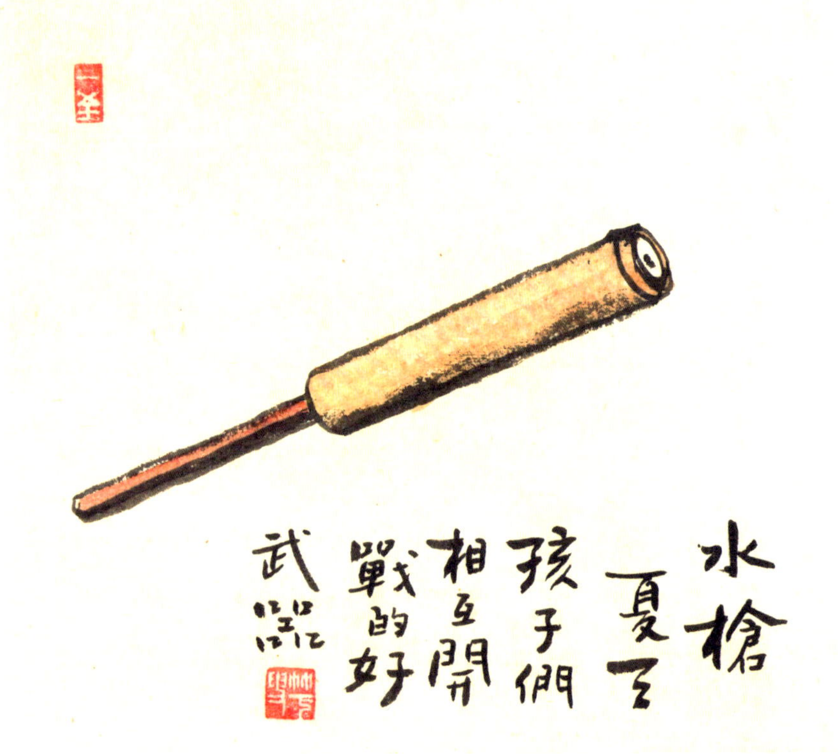

水枪

一节竹筒顶上钻个孔，一根筷子缠上棉花，

就成了这样的水枪。

夏日里孩子们相约开战，这是再好不过的武器。

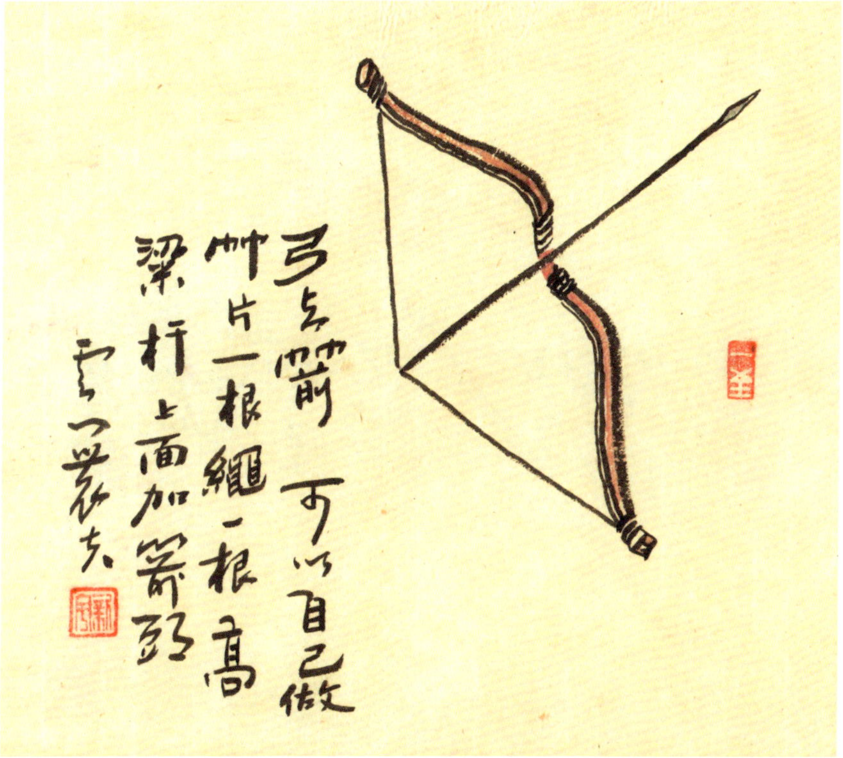

弓箭

弓是自己做的，一般竹竿就行。

把竹竿劈开，修磨好，拴上绳，就成了弓。

箭，用的是高粱秸最上面的那一节。

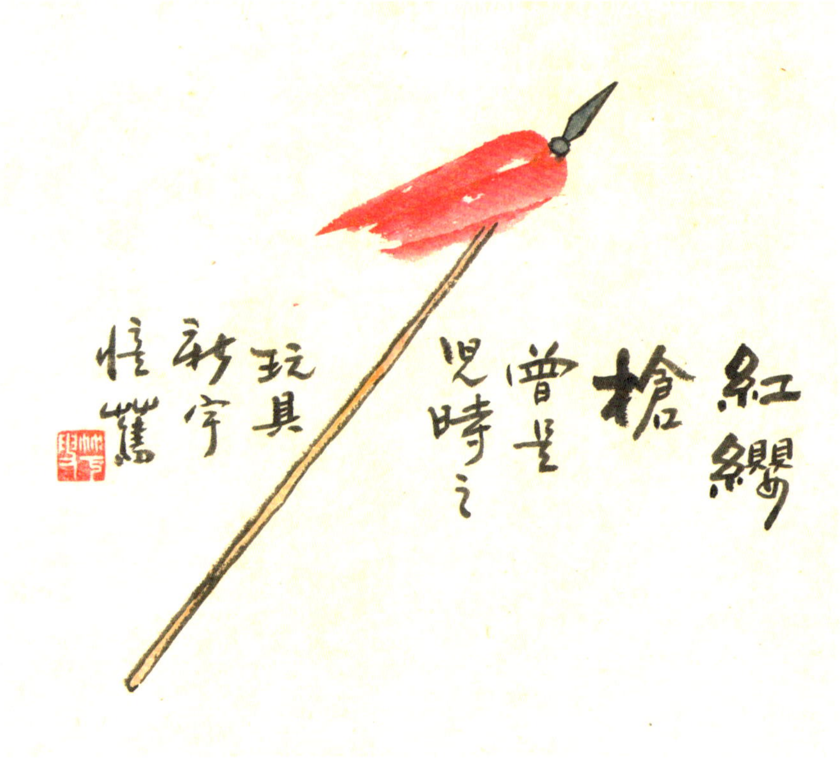

红缨枪

看上去是兵器，其实是玩具。

为了一杆漂亮的枪，常常是刀砍、斧剁、镰头刮，

忙活好几天。

木制手枪

这枪很像真家伙。

二墩子上课也掖在腰里。

他父亲是武装部长，这枪是照着真枪做的。

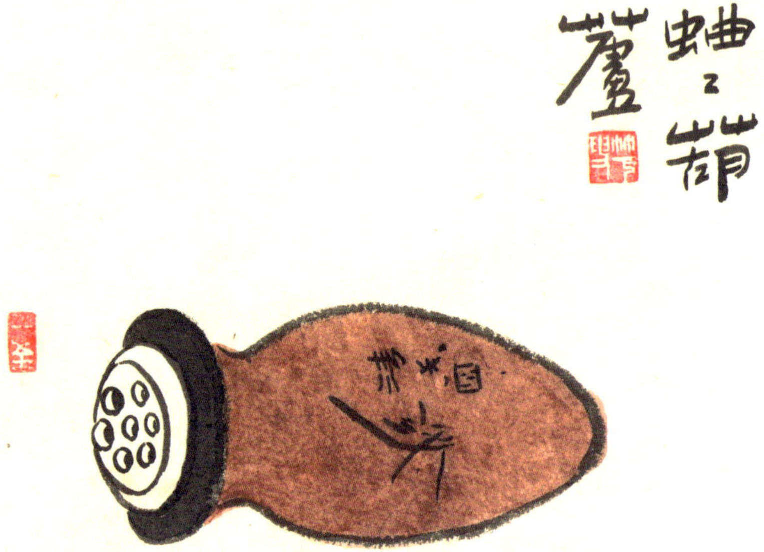

蛐蛐葫芦

蛐蛐葫芦各式各样，
这一个是老式烫花，乌木翻，象牙蒙心，
光绪年间曾经流行。

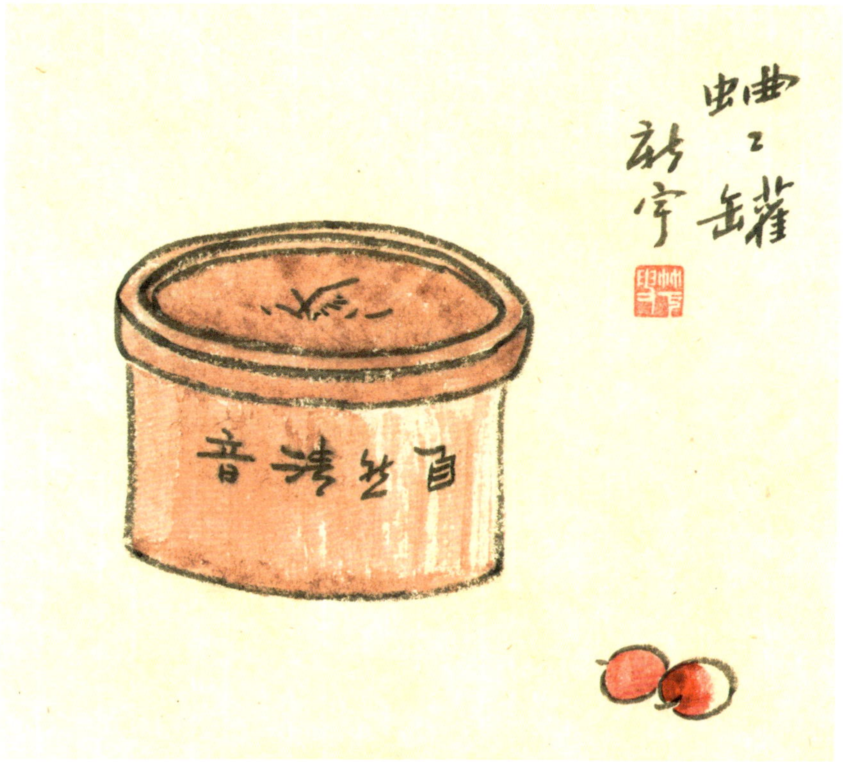

蛐蛐罐

养蛐蛐，斗蛐蛐，都要有蛐蛐罐。

它看上去像紫砂，其实是红泥的。

蝈蝈笼（之一）

这个蝈蝈笼，是急就式。

捉到蝈蝈了，如果身边有秫秸，就编这样的蝈蝈笼。

劈下席篾，横七竖八编起来，编两片扣在一起绑上，就完工了。

蝈蝈笼（之二）

它很小，只能放进一个拳头。

材料是高粱席篾，挑选节长一点的高粱秸，三节就够了。

编成六角鸡笼眼，比较好看。

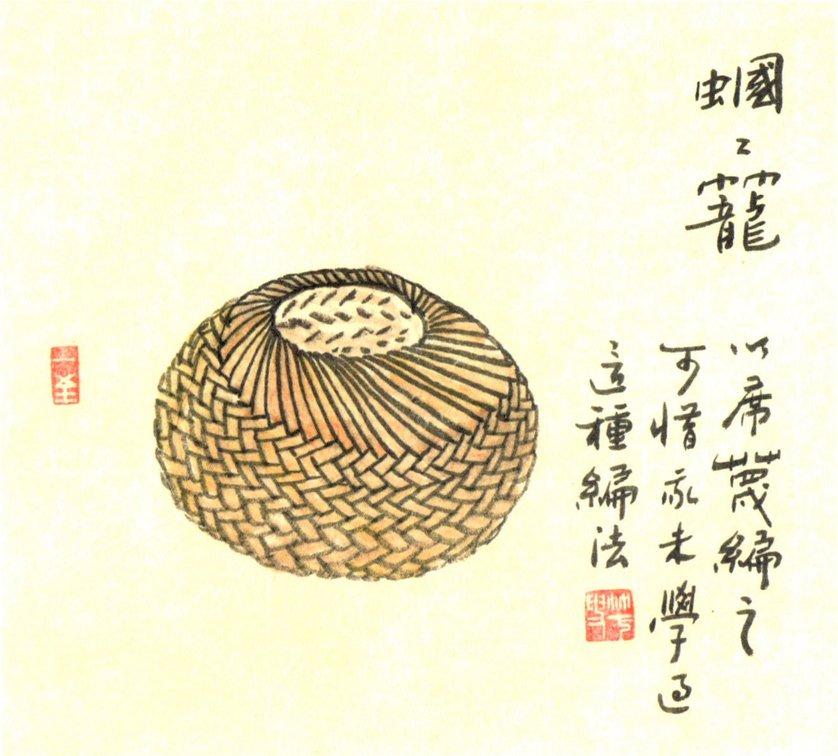

蝈蝈笼（之三）

这笼子人家编得很精致，我的画损害了人家手艺。
一把高粱秸的席篾，
就编成一个，纹路一丝不苟，整整齐齐。

蝈蝈葫芦

蝈蝈到了深秋，不能再挂在屋檐下，

要移入室内，装进葫芦精心饲养。

到冬天，拿到窗前晒一晒，会叫得很好听。

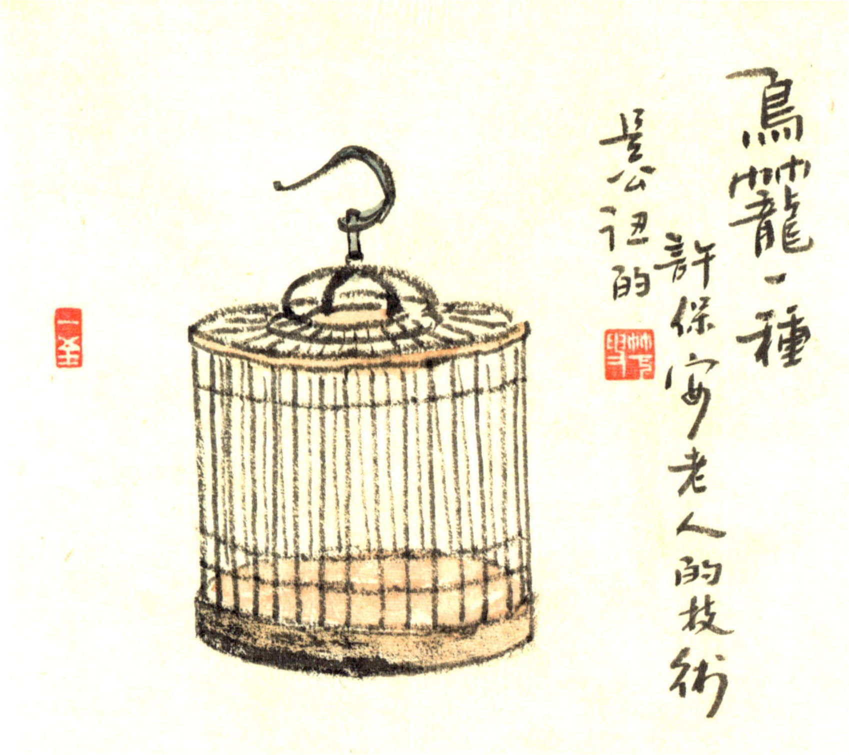

鸟笼

我小时候养过许多鸟，

我儿子小时候，我又陪他养过许多鸟。

所以，我见过多种鸟笼子。

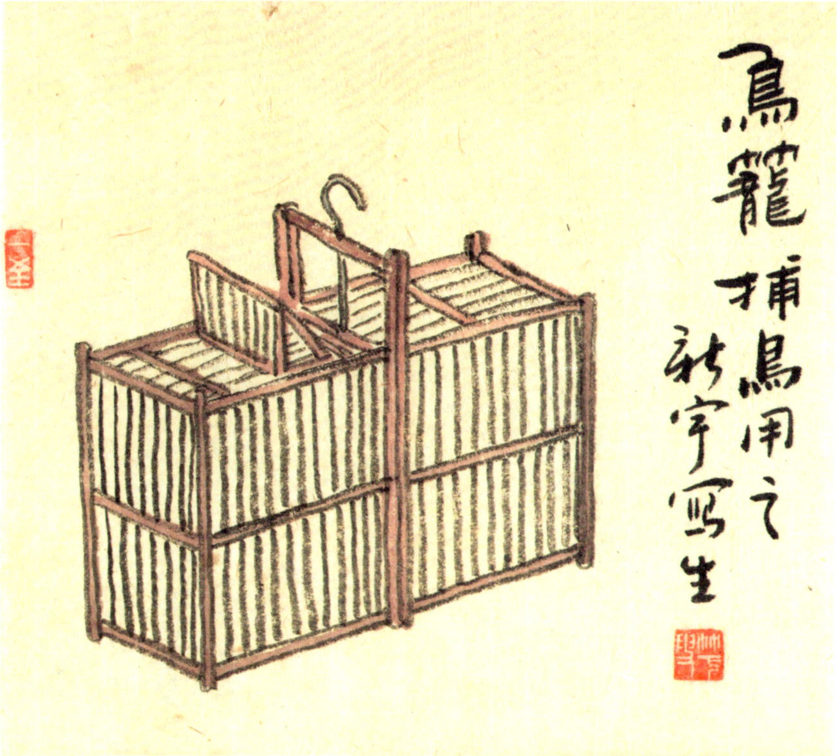

打鸟笼子

笼子是长的，隔成两间，

一间住诱鸟，一间上面装翻，翻上插食物。

鸟儿踏上翻，跌下去，进得去，出不来。

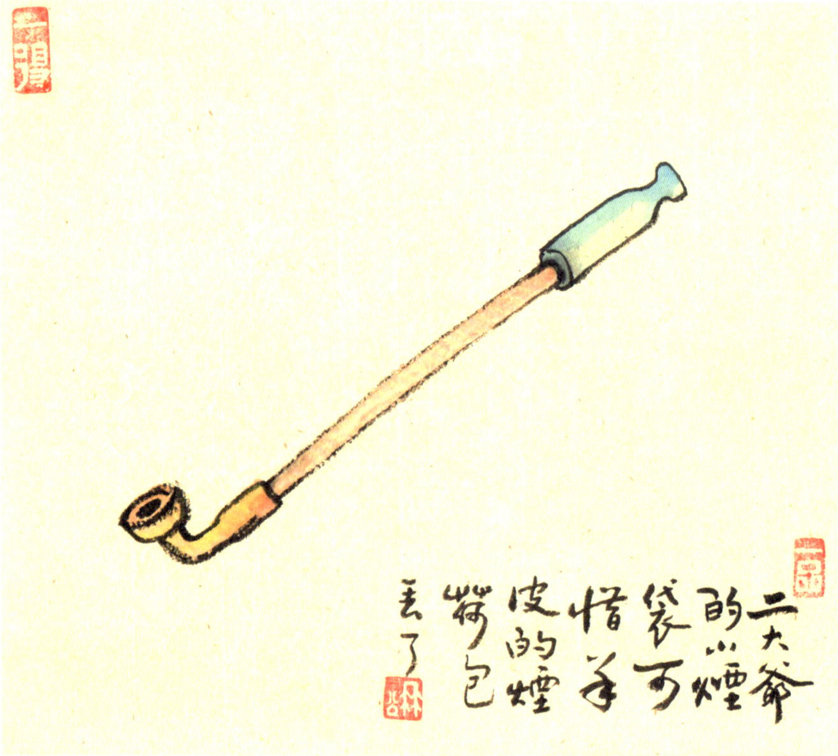

烟袋

小时候，家中男长辈都抽烟，
常有一个极好的烟袋锅，
还有一个值钱的烟袋嘴。

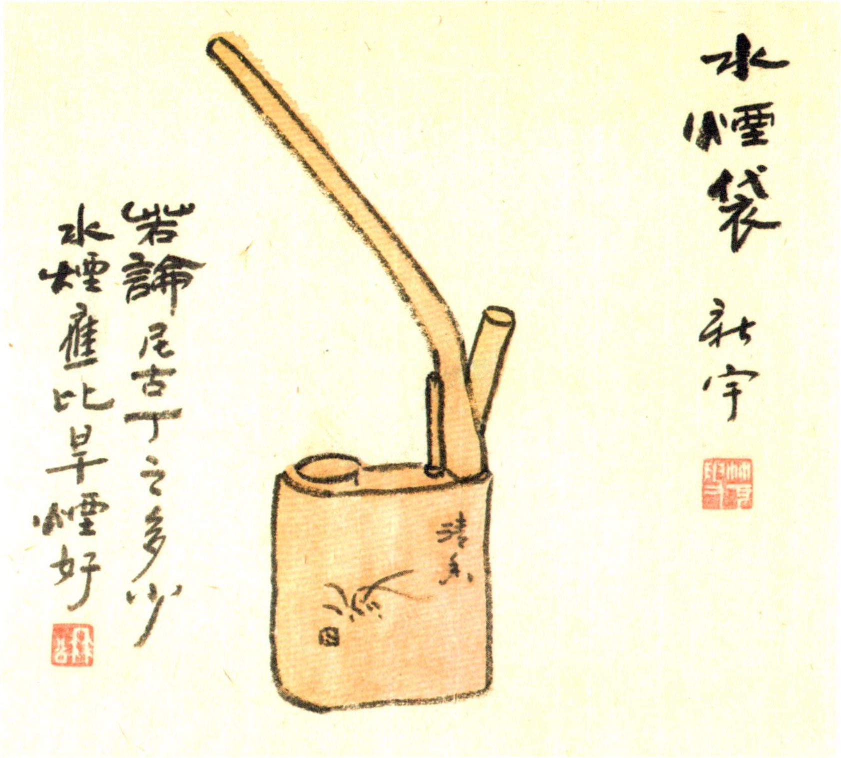

水烟袋

一般是铜制的，偶尔也有银的。
据说，水的过滤可以吸收尼古丁，
所以更卫生。

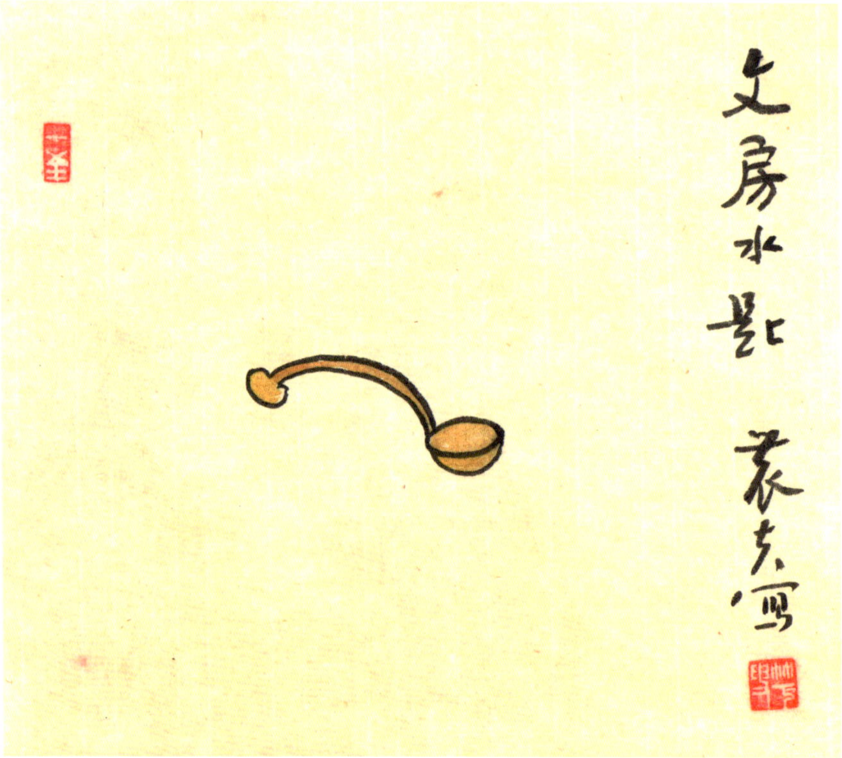

文房水匙

铜的，极小，只有指头肚那么大。

砚中添水，只怕多，不怕少。

如果不够，再舀一勺就是了。

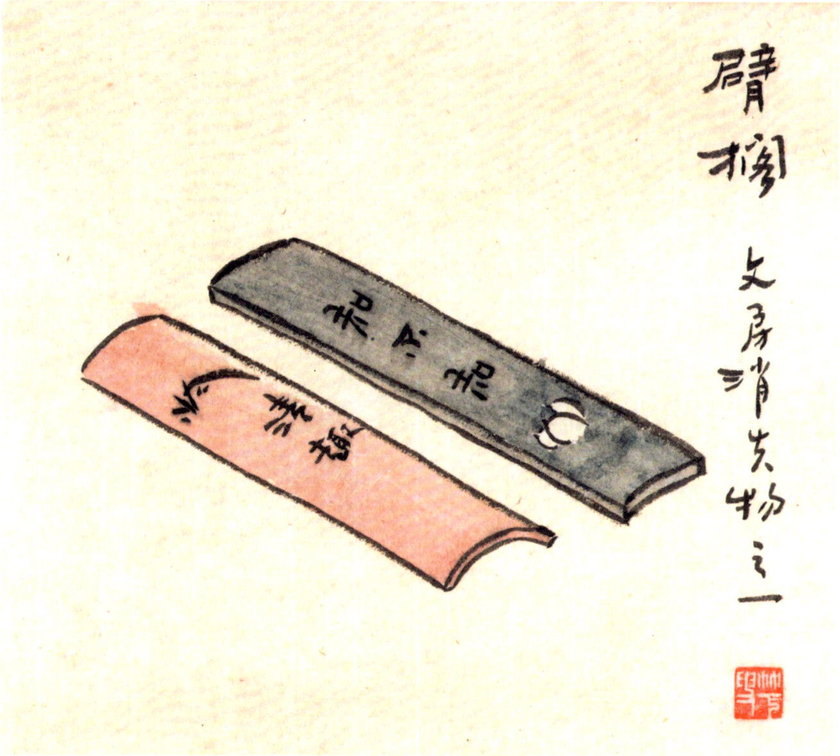

臂搁

过去写字自右向左，小字不能悬腕，
字未干，手臂能放吗？
所以就有了臂搁。

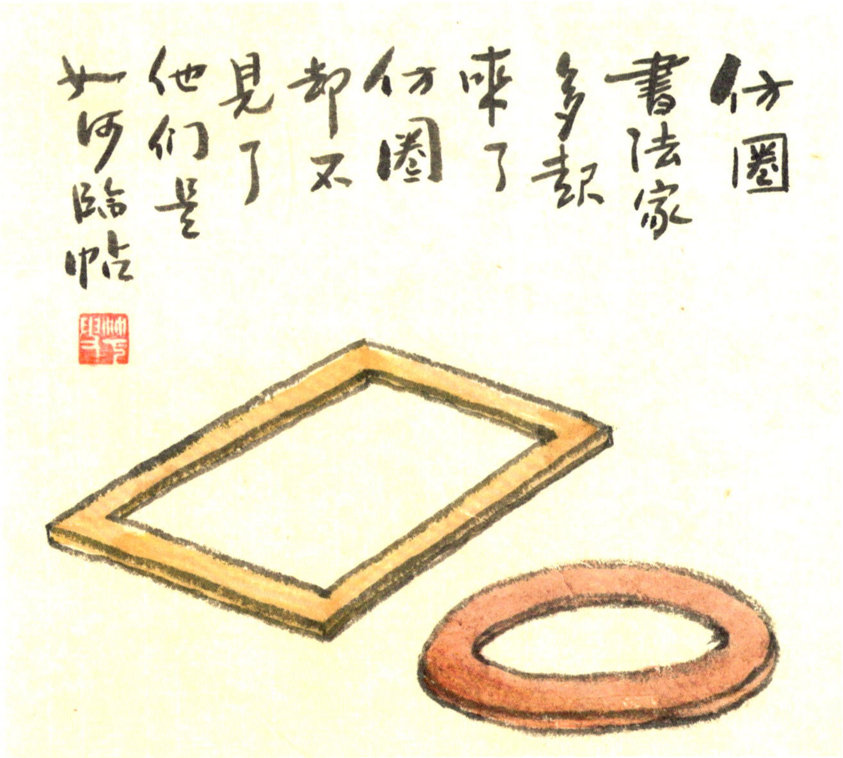

仿圈

书法家日益多了起来，仿圈却几乎不见了。

所以我常常想：如今的书法家都是天才！

无须临帖，所以不用仿圈。

水丞

它盛的是净水，供研墨之用。

如今墨客的案头上，大多有笔洗而无水丞，

大概他们研墨用的是笔洗中的水，不是净水。

这是对字和画的大不敬。

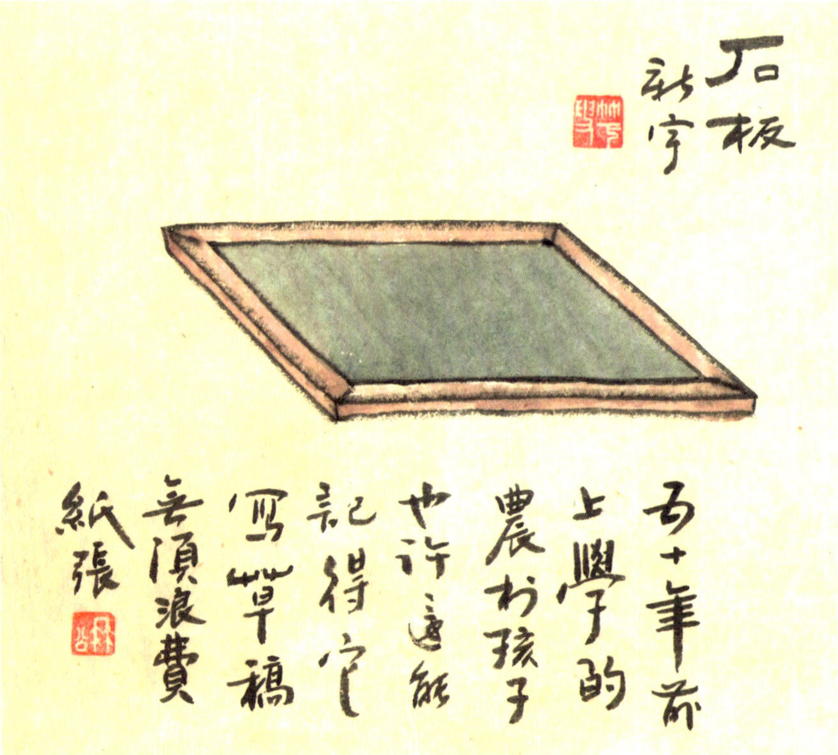

石板

五十年前上学的乡下孩子，
也许还能记得它。
竖式运算，写作文提纲，都写在石板上。

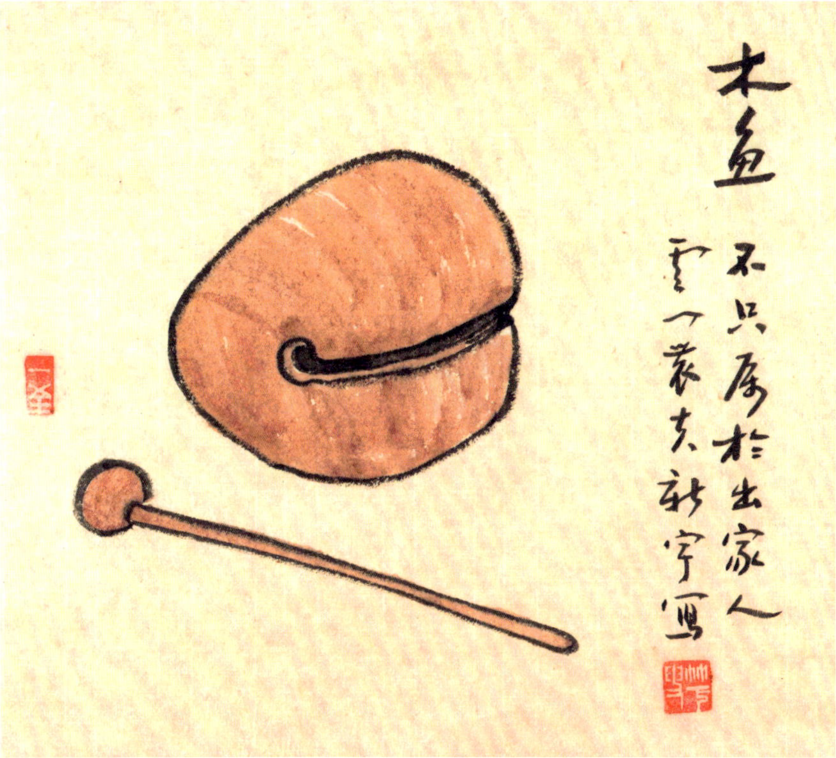

木鱼

过去家中若有老太太，就可能有木鱼声。
她未必是佛家信徒，也未必能读懂经卷，
吃斋念佛敲木鱼，只为儿孙平安。

大喇叭

吹鼓手的大喇叭，

吹奏时的姿态是：挺起肚子鼓起腮。

办丧事喇叭光秃秃，办喜事喇叭要结彩。

戏匣子

老式留声机，乡下人叫戏匣子。

娶亲、庆寿、做满月，请不起戏班子，就借来戏匣子。

唱片借来几十张，从早到晚循环唱。